観光地域調査法

GISを用いた実践的調査手法の解説

金徳謙著

まえがき

　最近、外国人観光客、とくに中国人観光客の急速な増加が目立ちます。加えて、中国人観光客の、いわゆる爆買いが話題になっています。お陰で、全国的に観光が注目されるようになりました。それに先立ち、観光を学べる大学も増えつづけ、いまや観光を学ぶことが珍しいことではなくなりました。

　しかし、観光教育が体系化されていないまま観光を学べる大学が増加した結果、教育内容をみると、観光を学ぶより体験するレベルに留まっているところが多いようです。理由は観光や地域を調査する方法が確立されていないこと、それによる調査法教育の不在にあると、筆者は確信しています。

　すでに外国では20年以上前から重要性が認められてきたGISを用いて、観光地域を調査し、普遍性ある説明ができる調査法を、誰でも習得できるように本書の刊行を考えました。執筆し始め数年が経ち、やっと調査法の基礎本として陽の目をみることになりました。少しでも本書に接する多くの読者が、GISによる観光地域の調査法が習得できることを期待しています。

　本書ではQGISが、パソコンOSの種別を問わず利用できる点や、数多いGISソフトの中、ファイル形式や操作性がGISソフトのグローバルスタンダードといえるArcGISに似ている点と、無料で利用できるフリーソフトである点をあげ、第1部では観光や地域を学ぶための基礎知識や調査のための調査法はなぜ必要なのかを、第2部ではGISの基礎知識を、第3部でデータ取得などの関連する知識を、第4部でGISを実際に応用できるのに必要な知識を、実践的に解説していきます。

　とりわけ、第2部から第4部までの内容はQGISを用いる調査法の基礎をゼロから丁寧に説明していく構成にしました。理由は、観光や地域について学ぶ学生の多くが文系の学生で、数式苦手、数学苦手、コンピュータ苦手のような傾向が強いことを考えたからです。しかし、現代においてこのような調査手法は文系・理系を問わず、観光や地域の調査のためには、運転免許が文系・理系に関係なく必要な時代になっているように、必要な道具になりつつあります。

　本書は文系の読者でも分かるように数式などは一切使わず、実践的に解説をしていくことを試みてみました。

目次

=第1部. 観光とGIS= 1
I　観光を取り巻く環境の変化 2
 1　観光形態の変化 2
 2　観光認識の変化 3
II　観光と観光学 5
 1　観光学の位置づけ 5
 2　観光学の課題 5
III　観光教育と調査法 7
 1　これからの観光教育への期待 7
 2　調査法の必要性 7
 3　観光地域調査 8
=第2部. 基礎編：GISを知る= 9
IV　GISを知る 10
 1　GISとは 10
 2　GISの歴史 10
 3　GISは道具のひとつ 11
  (1)　GISでできること 11
  (2)　GISはさらに普及する 11
V　位置表示とデータ 13
 1　位置表示 13
  (1)　測地系と座標系 13
 2　GISで使うデータ 14
  (1)　データの形式 14
  (2)　地図データ 15
=第3部. 発展編：QGISを使う= 19
VI　QGISの特徴 20
VII　QGISの導入 23
 1　QGISのインストールと起動 23
 2　QGIS各部の名称 25
 3　異なるCRSをもつ地図の表示 25

- 4 プラグインのインストール 26
- VIII 地図の表示 30
  - 1 表示方法 30
  - 2 ファイルの取り扱い 31
  - 3 ファイル種別の確認 32
  - 4 **CRS** の確認 32
- IX データの取得 34
  - 1 基盤地図情報 34
    - (1) ファイルのダウンロード 36
    - (2) データの表示 38
  - 2 国土数値情報 39
    - (1) ファイルのダウンロード 39
  - 3 e-Stat 43
    - (1) Web GIS の利用 44
    - (2) ファイルのダウンロード 45
  - 4 自分で作成する 48
- X データの変換 49
  - 1 基盤地図情報センターのデータの変換 49
    - (1) ビューアで表示 50
    - (2) シェープファイルに変換 50

＝第4部．応用編：GIS 分析を学ぶ＝ 53

- XI レイヤの自作 54
  - 1 ジオレファレンサー 54
    - (1) 位置情報の追加 55
  - 2 レイヤの作成 60
    - (1) ポリゴンレイヤ（地物の追加） 61
    - (2) スナップオプション 63
    - (3) ポイントレイヤ（ポイントデータの追加） 65
- XII 空間分析 70
  - 1 ベクタデータ 70
    - (1) バッファ 71
    - (2) クリップ 74
  - 2 ラスタデータ 79

		(1)	数値標高モデル（DEM）	79
		(2)	利用準備（プラグインのインストール）	79
		(3)	DEM 変換	81
		(4)	バーチャルレイヤの作成	82
		(5)	クリッパー	84
XIII	フィールド操作			87
	1	フィールド検索		87
		(1)	データの表示と抽出	88
		(2)	属性情報の確認	88
		(3)	条件検索	90
		(4)	複雑検索	93
	2	フィールド演算		94
		(1)	フィールドの追加	95
		(2)	フィールド形式の設定	97
		(3)	フィールド演算の設定	97
	3	フィールドの表現		98
		(1)	階級区分	99
		(2)	グラフ（ヒストグラム）表示	101
	4	ラベル表示		103
XIV	ファイルのリンク			105
	1	結合		105
		(1)	結合の手順	105
	2	dbf ファイル		112
		(1)	閲覧と編集のために	112
		(2)	ファイル形式	113
		(3)	dbf 形式と csv 形式	114
XV	ファイルのエクスポート			117
	1	手順		117
XVI	地図の表現			120
	1	シンボルの変更		120
	2	ポイントの表現		120
		(1)	シンボルの色・大きさの変更	120
		(2)	シンボルの図形化	122

	(3) シンボルの区分表示	123
3	ラインの表現	125
4	ポリゴンの表現	127
5	DEM 表示	128
	(1) 香川県 DEM の作成	128
	(2) DEM 表示色の変更	128
	(3) 陰影段彩図の追加	131
XVII	地図の出力	133
1	コンポーザの考え方	133
2	コンポーザの使い方	134
	(1) コンポーザの準備	134
	(2) コンポーザの作成	135
3	マップ表示に必要な記号類	137
	(1) 地図イメージ	137
	(2) 凡例	138
	(3) 方位記号	139
	(4) スケール	140
	(5) その他の記号	142
4	コンポーザの出力	142

図目次

図 IV-1 GIS が取り扱うデータ 11
図 V-1 データの形式 14
図 V-2 データファイル 15
図 V-3 GIS データの特徴 16
図 V-4 CSV 形式の８８リスト 18
図 V-5 エクセルで開いた CSV 形式の８８リスト 18
図 VI-1 QGIS トップサイト 20
図 VI-2 QGIS ダウンロードサイト 21
図 VII-1 QGIS 起動画面 24
図 VII-2 QGIS 各部の名称 25
図 VII-3 プロパティ設定 26
図 VII-4 プラグイン 28
図 VII-5 プラグイン：Open Street Map 28
図 VII-6 プラグイン起動 29
図 VIII-1 四国４県と四国霊場の表示 31
図 IX-1 基盤地図情報サイト 35
図 IX-2 基盤地図情報ダウンロードサイト 35
図 IX-3 ダウンロードサイト１ 37
図 IX-4 ダウンロードサイト２ 37
図 IX-5 基盤地図情報ビューア 38
図 IX-6 基盤地図情報ビューアの閲覧 39
図 IX-7 国土数値情報ダウンロードサイト国土数値情報データの変換ツール 41
図 IX-8 国土数値情報１ 41
図 IX-9 報変換ツール 42
図 IX-10 変換ツールのダウンロード 42
図 IX-11 変換ツールのインストール 42
図 IX-12 変換ツールの起動 43
図 IX-13 e-Stat 43
図 IX-14 統計 GIS 44
図 IX-15 Web GIS 45
図 IX-16 検索：データ 46

図 IX-17 検索：地域 46
図 IX-18 ダウンロードデータの表示 47
図 X-1 エクスポート 49
図 X-2 エクスポートの保存先 51
図 X-3 エクスポートの進行状況 51
図 XI-1 ラスタデータの表示 55
図 XI-2 Open Street Map の表示 56
図 XI-3 georeferencer の起動画面 57
図 XI-4 georeferencer によるデータの読み込み 58
図 XI-5 ポイント指定 58
図 XI-6 ポイント確定 59
図 XI-7 変換設定 59
図 XI-8 位置情報の確定 60
図 XI-9 新規レイヤの追加 61
図 XI-10 ツールバー設定 62
図 XI-11 デジタイズアイコンメニュー 63
図 XI-12 ポリゴンレイヤの追加 63
図 XI-13 地物追加例 64
図 XI-14 地物の拡大 64
図 XI-15 スナップ設定 64
図 XI-16 スナップオプションの設定 65
図 XI-17 スナップ有無の比較 65
図 XI-18 スナップ設定の有効例 65
図 XI-19 東京大学アドレスマッチングサイト 67
図 XI-20 アドレスマッチングサービス 67
図 XI-21 アドレス変換終了 68
図 XI-22 デリミティッドテキストレイヤの追加 69
図 XI-23 四国 88 箇所霊場レイヤの追加 69
図 XII-1 空間演算メニュー 70
図 XII-2 対象地物 71
図 XII-3 バッファ 71
図 XII-4 個別バッファ 72
図 XII-5 融合バッファ 72

図 XII-6 バッファの条件設定 73

図 XII-7 クリップの条件設定 75

図 XII-8 データ種別のクリップ結果 76

図 XII-9 差分（クリップ） 78

図 XII-10 統合の設定 78

図 XII-11 DEM 変換用プラグインの追加 80

図 XII-12 DEM プラグインのインストール 80

図 XII-13 DEM 変換中 81

図 XII-14 DEM 変換の結果 82

図 XII-15 メニューバー：バーチャルラスタの構築 83

図 XII-16 バーチャルラスタ構築の設定 83

図 XII-17 tif ファイルの選定 84

図 XII-18 VRT 進行状況 84

図 XII-19 クリッパー 85

図 XII-20 クリッパーの設定 86

図 XII-21 香川県の DEM 86

図 XIII-1 属性データ 87

図 XIII-2 香川県の学校 88

図 XIII-3 ダウンロードデータの属性情報 89

図 XIII-4 行政コードの確認 89

図 XIII-5 学校コードの確認 90

図 XIII-6 属性データの検索 91

図 XIII-7 検索式の入力 92

図 XIII-8 検索結果（選択地物） 92

図 XIII-9 高松市内の学校 93

図 XIII-10 複数の検索式の入力 94

図 XIII-11 選択地物数 94

図 XIII-12 フィールドのプロパティ 95

図 XIII-13 演算用アイコンメニュー 96

図 XIII-14 フィールド演算機 96

図 XIII-15 フィールドの形式 97

図 XIII-16 編集モード 98

図 XIII-17 レイヤスタイルの設定 100

図 XIII-18 データの表示	100
図 XIII-19 ダイアグラムの設定	102
図 XIII-20 データの表示：棒グラフ	102
図 XIII-21 データの表示：階級区分と棒グラフ	103
図 XIII-22 ラベルの設定	104
図 XIII-23 ラベルの表示	104
図 XIV-1 フィールド定義書	106
図 XIV-2 結合：テーブルの追加	107
図 XIV-3 フィールドのリンク	108
図 XIV-4 結合の設定	109
図 XIV-5 結合フィールドの確認	109
図 XIV-6 結合結果の確認	110
図 XIV-7 結合フィールドによる表現	111
図 XIV-8 高齢者の5階級区分	112
図 XIV-9 他形式ファイルのインポート	115
図 XIV-10 dbf ファイルの形式	116
図 XV-1 高松市内の学校の保存	119
図 XV-2 高松市内の学校	119
図 XVI-1 ポイントデータの区分	121
図 XVI-2 ポイントスタイル	121
図 XVI-3 シンボルイメージ	122
図 XVI-4 シンボルの条件設定	124
図 XVI-5 シンボルのルール設定	124
図 XVI-6 シンボルのルール設定の確認	125
図 XVI-7 ラインの設定	126
図 XVI-8 ライン設定の変更	126
図 XVI-9 ポリゴンの設定	127
図 XVI-10 DEM バーチャルラスタのレンダータイプの設定	130
図 XVI-11 香川 DEM の表示変換	130
図 XVI-12 メニューバー：陰影図の作成	131
図 XVI-13 陰影図の設定	131
図 XVI-14 陰影図	132
図 XVI-15 陰影段彩図	132

図 XVII-1　メニューバー：プリントコンポーザ 135
図 XVII-2　コンポーザのタイトル入力画面 135
図 XVII-3　新規プリントコンポーザ 136
図 XVII-4　コンポーザのアイコンメニュー 136
図 XVII-5　コンポーザの操作メニュー 136
図 XVII-6　コンポーザの完成 137
図 XVII-7　メニューバー：PDF にエクスポート 137
図 XVII-8　凡例の設定プロパティ 139
図 XVII-9　方位設定 140
図 XVII-10　イメージウィンドウ 140
図 XVII-11　スケールバーの設定 141
図 XVII-12　スケールバーの種類 142
図 XVII-13　コンポーザの出力例 143

第 1 部

観光とGIS

　第 1 部では、観光や観光学の現状や課題をとりあげ、説明します。観光と地域を結びつけた、観光による地域振興が珍しくなくなってきた今日ですが、地域振興への意欲だけが先行し、地域をしっかりと調べる調査方法が追いつかない、確立されていない現状があります。そこで、地域を調べるための観光調査法の必要性を説明します。調査法には様々な方法が存在しますが、その中で観光地やその他の地域を調べるための方法である GIS に関連付けて説明していきます。

　さらに、GIS を用いることで何がどこまでできるのかについて具体例をとりあげながら説明していきます。

第1部　観光とGIS

I　観光を取り巻く環境の変化

　観光に対する人々の認識は時代の変化とともに大きく変わってきています。具体的に、観光は従来の「金持ちだけのお遊び」から「一般人の余暇活動」として認識されるようになりました。それは、観光を楽しむことが生活の一部として定着し、観光を楽しむ人々の増加や楽しむ機会の増加が著しいことで、説明できます。

　今日においては観光をうまく活用することで、①観光がビジネスにできるように成長し、②観光ビジネスで雇用拡大や経済効果などの各種効果が期待できるようになり、つまり、観光政策の有効性が認識されるようになり、③地域の無形・有形の文化財を保全することができ、④その他さまざまなことを引き出すことができるようになりました。

　このように、観光を楽しむ人数や機会の増加は観光そのものの変化だけにとどまらず、観光業や観光を推進する行政にも影響を及ぼすようになりました。日本では、産業立国一辺倒だった国の政策が、産業立国に加え、観光立国を謳うようになり、観光の重要性がさらに高くなりました。

　そこで、本章では観光を取り巻く環境の変化について考えてみることにします。

1　観光形態の変化

　戦後、急速に復旧・復興が進み、再び経済的安定を取り戻すことになります。その結果、徐々に一般市民においても観光を楽しむ機会が増え、観光は生活の中に定着していきます。

　さらに、1964年東京オリンピック、また1970年大阪万博のような超大型イベントが続いて開催された結果、国民が観光を楽しむ機会も増えていきました。観光の経験が増え、観光を楽しむ形態も変わっていったのです。

　それまで観光旅行というと、職場が主導する団体旅行、いわゆる慰安旅行が主なものでしたが、大阪万博の後から、職場単位の多人数で行く団体旅行は、仲間だけの小グループや家族単位で出かける旅行にゆっくりと変化していきます。もちろん、団体旅行が急になくなり、仲間や家族で楽しむ旅行になったわけではありません。それまでほとんどなかった仲間や家族だけで楽しむ旅行が増え、その割合が多くなってきたということです。旅行先でも上司や同僚に気を使わなければいけない職場旅行に比べると、仲間や家族との旅行は気楽で楽しい旅行だったでしょう。このような新しい旅行の楽しさもあり、少人数による旅行はその後も増え続けていきました。これは、一緒に出かける人数が減っていく、いわゆる、旅行サイズのコンパクト化といわれ、傾向はさらに広まっていきました。

　もうひとつ、参加するひとの性別をみると男性が多く、旅行においても男性中心の傾向が強くみられましたが、次第に女性の旅行参加が増えつづけ、性別による差はほとんどなくなりました。この2点は、観光形態を変化させた重要な要因といえます。

Ⅰ　観光を取り巻く環境の変化

　その後も観光の普及はさらに進み、生活の一部として定着していきます。旅行においても、行ったことの有無、旅行「経験」が重視される従来の旅行から、行って何をするのか、旅行「目的」が重視されるように変わっていきます。

　たとえば、ハワイに行ったことがない人にとっては、ハワイに行くこと、つまり旅行経験が重要なポイントでしょう。しかし、何度もハワイに行った経験がある人にとっては、ハワイに行ったことはあまり重要なことでありません。代わりに、ハワイに行って何をするのか（したのか）が重要な意味をもちます。このように旅行の経験が増加する、いわゆる観光の成熟により、重視する内容が変化し、結果、観光形態が変わっていきました。旅行経験が重要であった時代には、みんなで一緒に「ハワイに行く」という経験をするため、団体で行っても楽しかったでしょう。個人や小グループで行く旅行より団体旅行の方が旅行費用も安く、旅行者にとって好都合だったでしょう。しかし、旅行の経験が重なることによって、ただ「ハワイに行くだけ」ではなく、「行って○○をする」という、ひととは違うことに目が向けられるようになりました。自然に、気が合う仲間や家族と一緒に行く機会が増えていきます。

　近年、日本人の観光形態は仲間や家族単位で行動する小グループによる形態に加え、個人で行動する形態も増加する傾向がみられるようになりました。このような観光形態の変化は、読者のみなさんがこの文を読んでいる瞬間にも少しずつではありますが、進んでいるのです。

2　観光認識の変化

　日本ではそれまで「産業立国」を一貫して進めてきており、観光は脇役としての位置づけにとどまっていました。しかし 2003 年、外国向けの観光プロモーション映像に総理大臣が登場し外国人観光客に訪日を呼びかけるなど、それまでにない観光への強い関心を示しました。その後 2007 年、政府は観光立国推進基本法の施行を機に、「観光立国」を宣言しました。産業立国一辺倒であった政策から観光立国も視野に入れた政策への転換です。政府の観光立国宣言により、いままで脇役であった観光が主役に格上げされ、多方面に影響を与えています。

　観光業界では政府の支援に期待が膨らみ、積極的な事業展開を図るようになりました。地方の自治体においても積極的な観光への取り組みがみられ、観光立県、または観光による地域活性化を取り込まない自治体がめずらしいまでとなりました。とくに、最近アジアから日本を訪れる外国人旅行者の急増は、国民の観光への関心を高め、また、観光への期待をふくらませています。訪日外国人観光客数が 2 千万人を超えるのも目前になりました。

　それらの影響をうけ、日本でも観光を楽しむことや観光産業に対する認識は大きく改善

されるようになりました。「遊ぶやつ」と「働くひと」のように働くのを美化したり、遊ぶことに罪悪感を与えたりする、それまでの社会通念が観光に対する認識に大きく影響を与えていました。そのような社会通念も変化し、近年は国民の意識も「観光を楽しむひと」と「働くひと」、両者を対等に受けとめるまでに変化しました。

　このような観光に対する認識の変化は、観光の拡大や観光業の成長を今後もつづけさせる大きな要因といえます。

II　観光と観光学

　一般的に観光とは楽しいものと認識されています。しかし、観光を学ぶことになると、話は一転してしまいます。なぜなら、観光は自分の意志で楽しく旅行することです。それに対し、学ぶことは、観光とはなにかから始まり、観光の歴史や特徴、観光者の行動など、たくさんのことを勉強する必要があるからです。つまり、観光することは楽しいけど、観光を学ぶことは、観光を楽しむこととは異なる、全く別ものになるということです。

　本章では、「観光学」をとりあげ、学問としての観光学はどうみられているのか、観光学が抱えている問題とは何か、観光学の現状について説明していきます。

1　観光学の位置づけ

　前述した通り、観光は急速に生活の一部として認識されるようにまで拡大普及しました。その影響により、今日における観光は経済や社会・文化的振興に役立つものとして、世間一般にわたって認識されるようになりました。それにともない、人間の高度な社会活動である観光を勉強や研究の対象とする観光学に対する関心も高まりました。今後その傾向は一層拡大すると考えられ、観光学の研究者や観光を学ぶ人々により一層の期待が寄せられています。

　一方で、このような観光学への関心の高まりは、観光学は一学問として完成されていないと指摘する声を大きくさせました。近年、観光学に対する評価は個々別々で、けっして高いとはいえず、観光学の評価にかかわる議論が前向き的なものとはいえません。

　この問題を解決するために、観光学は学問的自立を急ぐ必要があります。つまり、観光学独自のディシプリンや研究方法論の確立が求められていると言い換えられます。

　このように観光に対する認識の向上に合わせた、「観光学」の確立が求められるようになりましたが、「観光学」がしっかりとした学問として認識されるようになるにはまだまだ解決すべき課題がたくさん残っています。そのことが、観光学の評価に議論をつづけさせるもっとも大きな要因といえます。

2　観光学の課題

　学問としての自立のために、独自のディシプリンや研究方法論の確立が必要であると述べてきましたが、ここ数十年間、観光学における独自の理論体系の確立は、急速な拡大をみせている観光そのものに比較し、ゆっくりとした成長がつづいています。

　こうした観光の急拡大と、観光学の理論体系に向けた成熟の速度のアンバランスは目立ち、観光と関係をもつ周辺の学問から観光学へのアプローチの増加を招くようになりました。その傾向はいまも変わらずつづいています。

第1部　観光とGIS

　周辺の学問からのアプローチの増加は、学際的で総合的な学問である観光学の研究方法や研究対象の多様化に大きく貢献しました。しかし他方で、観光の基礎概念の歪曲や類似する概念の氾濫を招き、観光学の学問としてのレベルを下げたことは否定できません。具体的に、観光は道具として認識され、観光学は道具の使い方のスキルアップを学ぶ分野として取り扱われているのです。

　こうしたことが観光学の非学術性の論争を招いた主たる要因といえます。筆者は、観光学の理論体系の構築ができない限り、このような観光学の抱える課題は改善されるどころか、さらに増加・拡大すると考えています。

III　観光教育と調査法

1　これからの観光教育への期待

　日本の大学における観光教育は1967年立教大学から始まりました。観光教育が始まってから半世紀経っている今日に至っては多くの大学で観光教育を行うようになりました。大学における観光教育は、観光が学問の対象としての認識が薄かった初期には、私立大学を中心に実学教育を謳い、徐々に普及してきました。しかし、最近その様子は様変わりしています。観光に関連する科目や、コース、学科、学部等を設け、本格的な観光教育を行うまでに変わりました。さらに、国公立大学においても同様な観光教育を実施するようになりました。こうして日本における観光教育は徐々に確固たる位置づけがされるようになりました。

　大学教育における観光教育の拡大は、観光学を社会一般に広く認識させるのに重要な役割を果たしました。しかし一方で、観光学の教育内容を精査すると、大学において観光教育が始まって以来、観光学は実用学問を自称し、一学問としてディシプリンの提示のないまま技能教育を続けてきていることが分かります。周辺地域の観光イベントの体験や参加などを通じて学ぶ体験型教育（実践型教育とも言われる）に留まり、体系的に学べるとは言えず、専門知識を学ぶまでに至っていません。

　この実情は日本に限られた問題ではありません。諸外国においても同様な問題をかかえており、観光学は一学問としての独立に向け、研究や教育に関するジレンマに苦悩しているといえます。筆者は、新しく観光を学ぶ若い人々に観光学を実学という名のもとで技能教育としてだけではなく、体系的な理論教育も並行して行う必要があると考えています。つまり、観光における体系的な理論教育を強化することこそ、観光学の学術性の向上および観光に関する専門能力をもつ人材の育成が期待できるようになると、筆者は考えます。

2　調査法の必要性

　前述したような観光学が抱える課題を改善、或いは解決するためには、前田（1987）[1]が指摘している通り、観光学を学ぶための「調査方法」の確立が必要で、それらを、観光を学ぶ若い人に持続的に教育していかなければなりません。しかし、観光教育を行っている大学で観光調査法（或いはそれに準ずる内容）を教えているところは非常に少なく、教えている場合においても、統計分析の基礎的内容をとりあげる程度にとどまっているのが現状といえます。

　観光学の学術性の向上や専門能力をもつ人材の育成のためには、観光者や地域（観光地）、

---

[1] 前田勇（1987）「観光研究における方法論に関する一考察」『観光研究』Vol.1, No.1-2, pp.6-13.に詳しい。

観光事業のことを正しく理解することは欠かせず、それらを調べる方法を習得することが必要となります。

前田（1987）によると、研究調査方法の確立は、1段階に「語り（Talking）」の段階、2段階に「記述（Description）」の段階を経て、最後に「説明（Explanation）」の段階を迎えることになります。最後の3段階は一般化を図る段階で、科学的な研究や調査を行う段階、いわゆる成熟期といえます。つまり、観光学の自立や、観光の専門知識を有する人材の育成による社会貢献のためには、3段階で必要とされる調査法の確立や教育が急がれます。

3 観光地域調査

ここまで述べてきた通り、観光調査法を習得することは大切ですが、調査する対象によって異なる手法が必要となることは簡単に想像できます。

調査法の教育を行っている数少ない大学では、観光者を調べるために統計学的方法をとりあげています。他方で、観光地を含む「地域」を調べるための調査法をとりあげているところは非常に少ないのが現状といえます。しかし、フィールドワークを行っているところは一定の数が確認できます。具体的にどのような調査法を教育するのかが明確でなく、その前段階であるフィールドワークの基本を教育しているように考えられます。

そこで、本書では地域の空間を定量的にとらえることができ、近年観光分野にも応用されるようになったGIS（Geographic Information System、地理情報システム）による地域調査を実践的に解説していきます。

その理由につぎの3点をあげることができます。①このような定量的手法を用いた地域空間を調査する能力を身につけることこそが、観光という事象を普遍的に説明する能力の習得につながること、②観光の対象となる地域空間を調べることで、観光による地域振興など、観光の諸効果を最大限引き出せること、③調査方法が確立されていない観光学の学術的な位置を確固たるものにするための貢献ができることがあげられます。

第 2 部

基礎編
GISを知る

　第 2 部では、はじめて GIS にふれる読者に、基本的な知識および GIS を理解するために必要な知識をとりあげます。また、GIS 特有の位置情報をもつ地図データの特徴をとりあげます。

　しかし、本書は GIS を専門的に学ぶ読者を対象にするものではなく、文系の、とりわけ観光や地域、ひとの行動などを調査する読者を対象にしています。そのため、必要な内容を簡潔に数式などを使わずに説明していきます。

第 2 部　基礎編：GIS を知る

IV　GIS を知る

1 GIS とは

　GIS とは、緯度・経度・高度や xyz 座標で指定できる位置データ（地図）に、数字や文字、画像などさまざまな役に立つデータを結びつけてコンピュータ上で重ね合わせ、データを解析したり、加工し視覚的に分かりやすく地図上に示す高度な分析をしたり、場所を特定できる位置データを分析できる高度な技術のことです。それまで GIS は一部の専門分野での利用に限られていましたが、コンピュータの性能向上や低価格化などにより、最近では行政やビジネスの現場、個人の生活などまで活用範囲が広がっています。もはや GIS はデータの整理・解析において必要不可欠な手法となりつつあります。

2 GIS の歴史

　GIS の歴史は実際の応用のための実務的レベルから始まり、学術的な応用はその後からつづいています。1960 年代前半、カナダの Roger Tomlinson は土地資源の管理のため、収集したデータの保存、分析に利用するためのシステムを開発し、CGIS（Canadian Geographic Information System）と名付けました。その後、開発者 Tomlinson R.は GIS の父と呼ばれるようになりました。当時の GIS は機能的に現在のものと比べても劣らないものでしたが、コンピュータの性能やその他解決すべき問題が数多くあり、普及に至りませんでした。1970 年代に米国では、統計局で国勢調査のデータの管理のため、DIME（Dual Independent Map Encoding）が開発されました。その後、コンピュータの進歩により、GIS は普及し今日に至っています。

　一方学術面では、1987 年国際学術誌 *International Journal of Geographical Information System* が創刊され、研究が本格化することになり、1988 年にはカリフォルニア大学が中心となり NCGIA（National Center for Geographic Information and Analysis）が設立されました。その後、1991 年に全米の 50 大学が参加する UCGIS（University Consortium for Geographic Information Science）が結成され、GIS は System から Science に、大きく進化することになりました。つまり、GIS は単なるコンピュータ上のシステムから進化し、地表面上の情報の収集やデータベースの構築・管理をしたり、或いはそれらを空間的に分析し可視化したり、情報の管理や分析のための汎用的な方法として位置づけされるまでに進化しました。

　日本では、2007 年「地理空間情報活用推進基本法」の成立につづき、2008 年「地理空間情報活用推進基本計画」が実施されました。このように日本でも、地理空間情報に関する制度の強化や計画の実施を行うなど、地理空間情報の整備を進めており、だれでも地理空間情報を活用できる社会に変化しつつあります。

3 GIS は道具のひとつ

(1) GIS でできること

　GIS を利用する際にもっとも難しい作業は、デジタルマップ（Digital Map）やデジタル地形図（DEM：Digital Elevation Model）のような地図データを作成することです。2007年関連法の成立や 2008 年基本計画の実施の後、これらのデータは国土地理院により整備され、無償または安価で提供されるようになりました。近年 GIS の利用がより身近になったのです。

　さらに、コンピュータ性能の向上や無償で提供されるフリーGIS ソフトの充実により、GIS は専門家だけの占有物ではなく、個人が簡単に利用できる道具に変化しつつあります。たとえば、GIS は資源管理、土地利用計画、ハザードマップの製作、市場調査、人間や動物の行動分析、カーナビゲーションを含む目的地までの最短経路の検索など、いわゆる地球にかかわりをもつ多くの分野において非常に有効な調査分析の道具として利用されています。

　GIS でできることは、具体的につぎの 3 点にまとめることができます。

　1 点目は、入・出力ができることです。地図情報を点（観光スポットなど）・線（観光ルートや道路など）・面（地図や地形図など）として数値データ化し、必要な処理を行い、その結果を出力できる点です（図 IV-1 参照）。2 点目は、データベースであることです。地図とその他のデータをまとめて一元管理することで、地図からも、その他のデータからも検索ができる点です。3 点目は、解析ができることです。入力した複数の異なるデータを複合的に検索・統合した結果から新しいデータを生成できる点です。

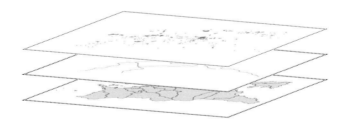

図 IV-1 GIS が取り扱うデータ

(2) GIS はさらに普及する

　GIS はコンピュータの性能向上やソフトの充実により、従来と比べて簡単に利用できるようになりつつありますが、一般人にとって GIS を利用することは、まだまだハードルが

第 2 部　基礎編：GIS を知る

高いといえます。

　車が登場したばかりの時を考えてみましょう。車を運転できるのは一部の限られたひとでしたが、車の普及とともに車を運転することは特別なことではなくなりました。逆に、いまは車の運転免許をもっていないことが珍しい時代になりました。また、運転免許をとる目的は、車の運転を仕事にするためだけではなく、車を道具として利用するためへと、変化してきています。車という道具が使えるようになることで、仕事や遊びの効率が上がり、これまではできなかったことができるようになりました。

　GIS は今後さらに普及し、近い将来に GIS を使うことも特別なことではなく、当たり前になる時がくるでしょう。理由は、GIS も車同様、緯・経度や高度など地球にかかわりをもつことを効率よく調べることができる便利な道具だからです。

　すでに GIS はマーケティング分野で活用されており、GIS マーケティングという領域を構築しつつあります。すでに、農業分野における生産性向上や広域農業における生産管理・肥料などの購入に関連する資材管理、工業部門においても同様な応用が活用されています。さらに、最近話題になっているドローンの活用にも、実は GIS は欠かせません。このように GIS の応用分野は幅広く、理系分野のみならず文系分野での応用も今後一般的なことになっていくでしょう。観光分野においては、地域の観光資源の管理や、来訪者の行動分析、観光業におけるマーケティング、観光政策の策定における意思決定ツールとしての機能など、観光における応用分野も多岐にわたることはいうまでもありません。

V 位置表示とデータ

1 位置表示

　ご存知の通り、地球は楕円球形であり、紙の地図やパソコン上でみる地図のような2次元平面ではありません。そのため、立体、つまり3次元のものである地球を紙面やパソコンの画面（GIS）のような2次元上に表示するには、いくつかの工夫が必要です。

　1点目に、地球の形を決める必要があります。いわゆる楕円体の選定です。地球を平面上に表示するため、様々な表現方法が提案されてきています。その中でどの方式を取り入れるのかを決めることです。2点目に、地球をどの方向から見て2次元上に写し出すのかを決める必要があります。いわゆる、投影法を決めることです。最後3点目に、2次元上に表示する際に必要となる座標を決めることです。たとえば、緯度と経度による表現および、メートルやマイルなどの距離による表現があります。いわゆる、座標系を決めることです。前者の場合、緯度は英国のグリニッジ天文台を、軽度は赤道を、起点（0度）にして細かい長方形に区分し、平面に表示しています。後者は分割された長方形（地域）を基準点から2次元（x,y）座標で表現します。日本では、全国を19の投影座標系に分割した平面直角座標系という方式が多く使われています。

(1) 測地系と座標系

　測地系とは、地球上の位置を緯・経度および標高をもつ座標系で表すための基準のことで、日本測地系と世界測地系があります。

　日本測地系は、明治時代に採用され、日本の緯・経度の原点となった東京天文台の緯・経度を基準とするものです。人工衛星などにより地球の観測ができるようになった今日では、日本測地系は地球全体の適合した測地系ではなくなりました。人工衛星などからの観測により明らかになった正確な地球の姿に合わせて、国際的に策定した世界測地系が登場しました。日本では2002年4月1日以降、日本測地系から世界測地系に移行することになったのです。

　一方、座標系とは、投影された地図の場所を実際の場所とどう関連付けるのかを定義づけるためのもので、緯・経度による地理座標系と、球状の地球を平面に投影する方法による投影座標系があります。地球を経度により60等分し、それぞれに座標を設定したUTM（Universal Transverse Mercator）座標系[2]と、日本国土を19分割した日本独自の平面直角座標系などがあります。

---

[2] 本書では、概念的なことを理解してもらうことが目的であるため、簡単な説明で済ませました。そのため、細かいところに齟齬する箇所もあります。ここでは、UTM座標系についての詳しい説明は割愛します。日本では、防衛省など一部のところを除き、あまり使用しておらず、代わりに平面直角座標系が多く使われています。

座標系は CRS (Coordinate Reference System) とも呼ばれます。

2 GISで使うデータ

前述しましたが、GIS には、緯度・経度・高度や x,y,z 座標で指定できる、点・線・面となる位置（地図）データをベースに、これらのデータに関連づけた数字や文字、画像など様々な形式のデータを用いることができます。たとえば、国勢調査の統計データや、観光地の特徴などの説明文、観光地の案内図や画像、飛行機や人口衛星から撮影された空撮画像など、様々な形式のものを複合的に利用することができます。

(1) データの形式

GIS で利用できるデータは大きく、ベクタ (Vector) データとラスタ (Raster) データに両分できます。前者は、始点と終点の座標とその2点をつなぐ数値で表した情報、たとえば、曲線であればその曲がり方、太さ、色、それら線に囲まれた面の色、それらの変化の仕方などを基に、コンピュータ上で表現する形式のデータです。そのため、線分の長さにかかわらずデータの量は同じで、データ量が非常に少ない特徴をもっています。後者は点の集合によって構成されているデータで、一点一点とすべてが色々な情報を持っているので、前者に比べてデータ量が非常に大きくなります。たとえば、Windows の図形の作成・編集ソフトである「ペイント」で描く図形などがラスタデータに当たります。また、ラスタデータは構造別に記録形式（フォーマット）が定義されており、bmp、jpeg、tiff、その他にも様々な形式があります。

簡単にいえば、ベクタデータは、図形を拡大しても図 V-1 (a) のようにギザギザになりません。対してラスタデータの場合、図形を拡大すると図形が図 V-1 (b) のようにギザギザになり、さらに拡大すると原型の分別がつかなくなります。また、データの大きさは前者が小さく、後者は図形が大きくなればなるほどデータ量が増加し、大きくなります。しかし、前者の場合、写真など複雑な図形をもつデータの再編などは処理が追いつかず、処理に非常に時間がかかったりします。このように両者には長所と短所があるため、両者の特徴をよく見極めて利用することが重要です。

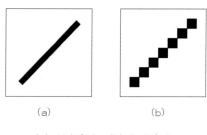

(a) ベクタデータ、(b) ラスタデータ

図 V-1 データの形式

V 位置表示とデータ

(2) 地図データ
1) 特徴

　GIS データは一般的に大量のデータを取り扱います。さらに、複数の表形式のデータファイル（たとえば、図 V-2 のようなもの）を関連付けて分析するのが一般的な利用法です。そういう意味では、GIS データはリレーショナルデータベース[3]ともいえます。そのほか、GIS データのもっとも大きな特徴は位置情報をもつことといえます。GIS で取り扱う地図データは図 V-3 に示した通り、データの種別に係わらず位置情報に加え、属性データをもちます。

　左側の位置情報に加え、右側のような属性データをもつことができます。さらに、必要に応じて複数のデータファイルを関連付けて利用することができるのです。このことから GIS は位置情報付きデータベースといえ、複雑な分析ができる特徴をもちます。図 V-3 でみるようにベクタデータには、点・線・面の 3 種類があり、順にポイント（Point）・ライン（Line）・ポリゴン（Polygon）ともいいます。

No	Store Name	Postal code	Address
1	有限会社上原製麺所	760-0073	香川県高松市栗林町1丁目18-8
2	さくら製麺	760-0080	香川県高松市木太町2800
3	天狗	761-0441	香川県高松市由良町29-1
4	セルフうどんとんぼ	761-0121	香川県高松市牟礼町牟礼287-1
5	有限会社川福本店	760-0042	香川県高松市大工町2-1
6	うどん田中	761-0301	香川県高松市林町455-3
7	宝山亭	761-1404	香川県高松市香南町横井1015-2
8	かわたうどん	761-1401	香川県高松市香南町岡1358-1
9	かすが町市場	761-0101	香川県高松市春日町453-1
10	あかね製麺	761-8012	香川県高松市香西本町3-1
11	浅草亭	760-0040	香川県高松市片原町2-3-1F
12	味庄	760-0021	香川県高松市西の丸町5-15
13	あたりや	761-8056	香川県高松市上天神町507-1
14	あつまり手打うどん	761-8081	香川県高松市成合町752-5
15	あづまうどん	761-0322	香川県高松市前田東町340-1
16	天乃屋	761-8064	香川県高松市上之町3丁目3-19
17	株式会社有馬	760-0053	香川県高松市田町8-23
18	あわじ屋食品	760-0033	香川県高松市丸の内7-34
19	いきいきうどんレインボー店	761-8075	香川県高松市多肥下町1506-3
20	池上製麺所	761-1705	香川県高松市香川町川東下899-1
21	いしう庵屋島店	761-0102	香川県高松市新田町2567-1
22	石川うどん	769-0101	香川県高松市国分寺町新居349-4-1F
23	泉手打うどん	760-0067	香川県高松市松福町2丁目6-11
24	泉屋	760-0011	香川県高松市浜ノ町13-9
25	いろり家	760-0302	香川県高松市上林町409
26	上田うどん店	761-8074	香川県高松市太田上町763-3
27	有限会社上原製麺所	760-0073	香川県高松市栗林町1丁目18-8
28	内町根っこ	760-0034	香川県高松市内町1-8-1F
29	うどん一代	760-0021	香川県高松市西の丸町12-3

図 V-2 データファイル

---

[3] 簡単に説明すると、表計算ソフトの場合、1 枚のシートにデータを記入して利用するのに対し、リレーショナルデータベースは、ことばどおり複数のファイルに散在するデータを関連付けして利用します。この方法により、取り扱えるデータの量が膨大な量に増えること、効率よい管理や運用ができるなどのメリットがあるため、データ量が多い場合、よく使われるデータベースの方式です。

第2部　基礎編：GISを知る

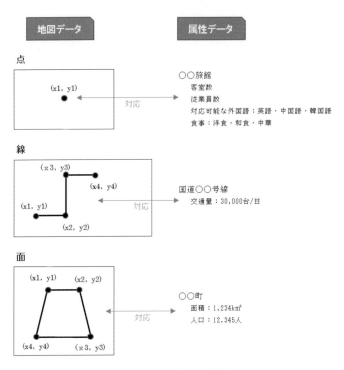

図 V-3 GIS データの特徴

2) ファイルの構成

　GIS で使うデータは、ESRI 社（ArcGIS）のファイル形式がもっとも普及しており、GIS で使うファイルのグローバルスタンダードといえます。日本でも公共機関が提供するデータにはこの形式が使われています。

　日常的に使用するワードプロセッサーや表計算ソフトは、ワードファイル（○○○.docx）やエクセルファイル（○○○.xlsx）のようなファイル形式となっており、ひとつのファイルで構成されています。しかし、GIS を利用するためには、「○○○.shp」、「○○○.dbf」、「○○○.prj」と、「○○○.shx」のようにそれぞれ異なる役割をもつ、少なくとも 4 つのファイルがひとつのセットで構成されています。「○○○.shp」ファイルは図形の座標情報、「○○○.dbf」ファイルは属性情報、「○○○.prj」ファイルは地図の表示に関連する投影法

に関する情報、「○○○.shx」ファイルは「○○○.shp」ファイルと「○○○.dbf」ファイルの対応関係に関する情報をもつファイルで、これらのファイルがすべて揃わないと使用することはできません。

3) ファイル名の注意

地図データを利用する際、ダウンロードして使うだけではなく、自分で作成することもできます。自分でファイルを作成する際、ファイル名の付け方に注意すべき点があります。○○○.shp ファイルの属性情報が格納されている○○○.dbf ファイルは、カラム名、つまりフィールド名が半角 10 文字（具体的には、全角だと Shift-JIS で 5 文字、UTF-8 で 3 文字[4]）までという制限があります。csv 形式のファイルにはこういう制限がありませんが、ファイルの結合を行い、○○○.shp ファイルに書き出した時にエラーになったり、フィールド名が全部同じ名称になったりします。このようなことを回避するために、あらかじめ○○○.dbf ファイルの仕様に合わせてファイル名をつけます。

ア）CSV 形式

CSV とは Comma Separated Values の頭文字をとったもので、図 V-4 のように複数のフィールドをカンマで区切ったテキストデータの形式をさします。このようなファイルを CSV ファイルといいます。中身はテキストファイルなので Windows ソフトの「メモ帳」であけることができますが、「エクセル」など表計算ソフトであけることもでき、図 V-5 のようにカンマで区切った内容が各セルに振り分けられます。

この形式のファイルは、ファイルのサイズが小さく、大量のデータを取り扱うデータベースファイルとして使われています。後述しますが、ポイントデータの読み込みなどに利用します。

---

[4] Shift-JIS や UTF-8 はコンピュータに文字を表示するための形式のことで、文字コードといいます。前者は Windows OS で使われているもので、後者は多言語の表示ができる、いわゆるユニコードというものです。本書は Windows OS を使う場合を前提にしているので、ファイル名は、半角英数字 10 文字または全角 5 文字以内と覚えておいてください。

第2部 基礎編：GISを知る

```
name,zip code,address
1. 霊山寺,779-0230,徳島県鳴門市大麻町板東塚鼻126
2. 極楽寺,779-0225,徳島県鳴門市大麻町檜字段の上12
3. 金泉寺,779-0105,徳島県板野郡板野町大字亀山下66
4. 大日寺,779-0113,徳島県板野郡板野町黒谷字居内5
5. 地蔵寺,779-0114,徳島県板野郡板野町羅漢字林東5
6. 安楽寺,771-1311,徳島県板野郡上板町引野8
7. 十楽寺,771-1509,徳島県阿波市高尾字法教田58
8. 熊谷寺,771-1506,徳島県阿波市土成町土成字前田185
9. 法輪寺,771-1506,徳島県阿波市土成町土成字田中198-2
10. 切幡寺,771-1623,徳島県阿波市市場町切幡字観音129
11. 藤井寺,776-0033,徳島県吉野川市鴨島町飯尾1525
12. 焼山寺,771-3421,徳島県名西郡神山町下分字中318
13. 大日寺,771-3132,徳島県徳島市一宮町西丁263
14. 常楽寺,779-3128,徳島県徳島市国府町延命606
15. 国分寺,779-3126,徳島県徳島市国府町矢野718-1
16. 観音寺,779-3123,徳島県徳島市国府町観音寺49-2
17. 井戸寺,779-3118,徳島県徳島市国府町井戸北屋敷80-1
18. 恩山寺,773-0008,徳島県小松島市田野字恩山寺谷40
19. 立江寺,773-0017,徳島県小松島市立江町若松13
20. 鶴林寺,771-4303,徳島県勝浦郡勝浦町生名鷲ヶ尾14
21. 太龍寺,771-5173,徳島県阿南市加茂町龍山?
```

図 V-4　CSV 形式の88リスト

	A	B	C
1	name	zip code	address
2	1. 霊山寺	779-0230	徳島県鳴門市大麻町板東塚鼻126
3	2. 極楽寺	779-0225	徳島県鳴門市大麻町檜字段の上12
4	3. 金泉寺	779-0105	徳島県板野郡板野町大字亀山下66
5	4. 大日寺	779-0113	徳島県板野郡板野町黒谷字居内5
6	5. 地蔵寺	779-0114	徳島県板野郡板野町羅漢字林東5
7	6. 安楽寺	771-1311	徳島県板野郡上板町引野8
8	7. 十楽寺	771-1509	徳島県阿波市高尾字法教田58
9	8. 熊谷寺	771-1506	徳島県阿波市土成町土成字前田185
10	9. 法輪寺	771-1506	徳島県阿波市土成町土成字田中198-2
11	10. 切幡寺	771-1623	徳島県阿波市市場町切幡字観音129
12	11. 藤井寺	776-0033	徳島県吉野川市鴨島町飯尾1525
13	12. 焼山寺	771-3421	徳島県名西郡神山町下分字中318
14	13. 大日寺	779-3132	徳島県徳島市一宮町西丁263
15	14. 常楽寺	779-3128	徳島県徳島市国府町延命606
16	15. 国分寺	779-3126	徳島県徳島市国府町矢野718-1
17	16. 観音寺	779-3123	徳島県徳島市国府町観音寺49-2
18	17. 井戸寺	779-3118	徳島県徳島市国府町井戸北屋敷80-1
19	18. 恩山寺	773-0008	徳島県小松島市田野字恩山寺谷40
20	19. 立江寺	773-0017	徳島県小松島市立江町若松13
21	20. 鶴林寺	771-4303	徳島県勝浦郡勝浦町生名鷲ヶ尾14
22	21. 太龍寺	771-5173	徳島県阿南市加茂町龍山?

図 V-5　エクセルで開いた CSV 形式の88リスト

第3部

発展編
QGISを使う

　第3部では、本書の目的であるQGISの使い方の習得のため、実際にQGISの利用に向けて必要なことをとりあげます。具体的に、政府系サイトからデータをダウンロードし、必要に応じて変換してQGISに表示させるまでのことを、図形による例示を交えて解説していきます。

第3部 発展編：QGISを使う

VI　QGISの特徴

　GISソフトは、無償のものから有償のものまでさまざまなものがあります。現時点でArcGISがもっとも普及しており、GISソフトのファイル形式のグローバルスタンダードといえます。本書でとりあげるQGISの地図ファイルの形式は○○○.shpとなっていますが、実はこのファイル形式もArcGISのファイル形式を継承したものです。言い替えれば、汎用性があるファイル形式になっているため、QGISで作成したファイルはそのままArcGISで利用することができます。逆にArcGISで作成したファイルをQGISで閲覧および編集することもできます。

　GISは最近になって普及し始めていることもあり、その価格はワープロソフトや表計算ソフトのように、一般の人々が簡単に購入できる金額を越えているといえます。また、GISソフトを動かすためには高性能なコンピュータが必要となります。それらの理由からGISソフトは、企業や研究所などで専門的な研究をする専門家の占有物と認識されてきました。このことはGISの普及を妨げる理由のひとつに指摘されています。

　しかし、近年は個人が使用するパーソナルコンピュータの性能が飛躍的に向上し、一昔前の大型コンピュータの性能を超えるまで進化しているといわれています。その恩恵のひとつは、GISソフトが個人用のパーソナルコンピュータでも実用的に使えるまで身近な存在になったことでしょう。このことを背景に、GIS普及を期待する世界中の有志が提供す

(注) QGISのTop画面はアップデートにより異なる場合があります。

図 VI-1　QGISトップサイト

VI QGISの特徴

図 VI-2 QGIS ダウンロードサイト

る無償の GIS ソフトが登場するようになりました。ひとつに QGIS があり、使用するパソコンの OS を問わず利用できるのが特徴といえます。現時点で、Windows、Mac OS X、Linux系、BSD 系および Android で利用できるソフトが提供されており、多種の OS で使えるもっとも便利な GIS ソフトともいえます。

図 VI-1 は QGIS のウェブサイトのトップページを、図 VI-2 は QGIS のダウンロードサイトを示したものです。このページは頻繁にアップデートが行われていますので、定期的にサイトを閲覧し、新しいバージョンを確認することをお勧めします。

QGIS は、もっとも普及している Arc GIS のファイルと互換性があることは前に述べた通りですが、操作性においても、細かいところを除けば ArcGIS とよく似ています。QGIS は、ArcGIS を使った経験がある人にとって、直感的に理解できるほどの操作性をもっているといえます。

このことから、QGIS は高機能な ArcGIS でないとできない高度な分析を除いて、ArcGIS に変わる代替 GIS ソフトであるといえるでしょう。また、QGIS は、世界中の有志の利用

第3部　発展編：QGISを使う

者により開発、提供される高度な分析ツールの「プラグイン」というあと付けできるソフトを、必要に応じて付け加えることができ、機能を高度化するためのカスタマイズもできるのです。

　本書では、パソコンOSの種別を問わず利用できる点や、ファイル形式や操作性がArcGISによく似ている点、無料で利用できるフリーソフトである点をあげ、QGISを用いて観光地域を調査する方法を実践的に解説していきます。また、プラグインの一部機能を、導入する方法から利用まで、一連の機能高度化の活用もとりあげ、解説していきます。

VII QGIS の導入

1 QGIS のインストールと起動

　QGIS の利用方法を習得するため、まず QGIS をダウンロードし、パソコンにインストールする必要があります。そのため、QGIS の公式日本語サイト（http://www.qgis.org/ja/site/）にアクセスします。そこでは、図 VI-1 のように QGIS サイトであることやフリーソフトであることなどの情報が確認できます。

　下部の「ダウンロードする」をクリックすると、ソフトをダウンロードできるサイトへ移動し、図 VI-2 のような表示が確認できます。QGIS は現在パソコンで利用されている各種 OS に対応しています。もっとも利用者が多い Windows や Mac OS、Unix 系の Linux や BSD、その他携帯電話やタブレットでお馴染の Android にも対応していますので、使用するパソコン OS にあうものを選択し、ダウンロードする必要があります。使用する OS によってインストール方法が異なり、Windows 版に比べて複雑になる場合もあります。本書では、もっとも利用者が多い Windows OS 環境での使用を前提に、説明を進めていきます。

　さて、近年 Windows OS は進化しつづけ、Windows7、Windows8(.1)、Windows10 など多種のバージョンが混在していますが、それとは別にパソコン内部での情報処理にかかわる「32bit 版」や「64bit 版」という規格があります。64bit 版が新しく、同時に多くのデータの処理ができるため、理論的には処理速度が速いと考えられます。現在使用中のパソコンに QGIS をインストールする際に、この規格を正しく選択する必要があります。32bit 版の Windows OS がインストールされているパソコンに 64bit 版用のソフトをインストールすることはできず、エラーになりますが、逆に 64bit 版の Windows OS がインストールされているパソコンには、32bit 版用のソフトをインストールすることができます。

　そのため、QGIS をインストールする前に、現在使っているパソコンの Windows OS が 32bit 版か 64bit 版かを確認する必要があります。ここでは詳しくとりあげませんが、使用している Windows のバージョンなどを調べるためには、ホームボタンをクリックし、コントロールパネルを表示させ、システムのところで OS のバージョンを確認することができます。確認ができない場合やよく分からない場合は、とりあえず 32bit 版をダウンロードし、インストールすることが無難でしょう。ダウンロード後インストールが完了するまでしばらく時間がかかりますが、画面の指示に従って進めていくと、デスクトップ画面にいくつかのアイコンが現れます。それでインストールは完了です。

　インストールが無事完了したら、まずは起動確認をしてみましょう。起動には、QGIS

第3部　発展編：QGISを使う

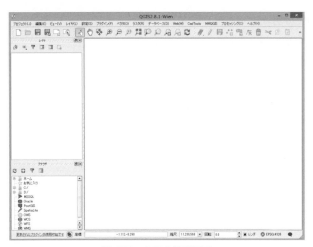

図 VII-1 QGIS 起動画面

Desktop 2.8.1[5]のような文字が書いてあるアイコンをクリックします。ファイルを読み込む間、パソコンの画面中央に QGIS というロゴマークが表示されます。その後、しばらくすると図 VII-1 のような画面に変わります。画面上部には QGIS であることとバージョンが表示されます。右側の大きい白い枠の中（マップウィンドウ）に地図を表示し、左上の白い小窓（レイヤウィンドウ）には利用している地図レイヤの確認ができて、左下のブラウザではデータの保管場所の指定ができる構造になっています。その他、上部や、場合によって異なりますが、左部と右部に操作するためのアイコンメニューが表示されます。具体的には、ツールバーに表示されているアイコンメニューを左右にドラッグすると左右で縦表示に変わります。アイコンメニューをどこに配置するかは個人の好みの問題ですので、ここでは上部に配置した状態で説明していきます。

これでひとまず、QGIS のインストールと使用に必要な準備作業は終わりです。

---

[5] 執筆中もっとも新しいもので 2.14.2 ですが、機能的にさほど差はありません。細かいところの機能アップや不具合の改善などが行われたものと考えられます。本書での解説においても QGIS のバージョンは 2.8.1 から 2.14.2 までのものが混在されて使われています。しかし、不具合の改善を含む各種機能がよくなったソフトを利用できると言えますので、できるだけ新しいバージョンのものを利用することを強くお勧めします。

VII QGISの導入

2 QGIS各部の名称

QGISが立ち上がると、いくつかの小窓が表示されます。本書ではこれらの小窓などを図VII-2に書いてあるように呼ぶことにしますので、確認しておきましょう。

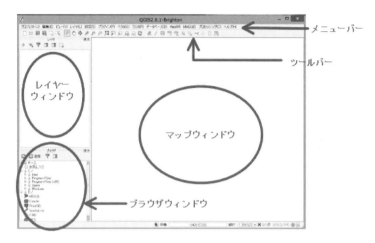

図 VII-2 QGIS各部の名称

3 異なるCRSをもつ地図の表示

そもそも立体である地球を平面に表示する（地図上に示す）ためには、工夫が必要です。また、提供者と利用者が立体を平面化する方法を共有する必要があります。これはGISを利用するために欠かせないとても重要な約束事です。詳しくは13ページの測地系と座標系に解説があります。必要なら参照してください。

どのように平面に表示するのか、CRSを指定する必要があります。しかしCRSは、ひとつの国でも何種類（もっと多い場合がほとんど）も存在しているため、世界中には多種のCRSが存在しており、1万種類を超えるともいわれています。これらの多種のCRSを理解し、コントロールすることは、GISを利用するために欠かせません。理由は、CRSが異なる複数の地図ファイルをマップウィンドウ上に一緒に表示することができないからです。

QGISには、この問題に対応し、CRSが異なる複数の地図を表示させる機能があります。とりあえず地図の確認をしてみるだけなら、有効なツールといえます。

機能を有効にするために、メニューバーから、［プロジェクト］、［プロジェクトプロパテ

ィ]にアクセスし、図 VII-3 のように CRS の中の「'オンザフライ' CRS 変換を有効にする」にチェックを入れます。これで異なる CRS をもつ地図ファイルを同時に表示させることができるようになります。これまで表示されていたマップが、もう 1 枚のレイヤを追加して、マップウィンドウが真っ白になるか点になるなどの現象が現れる場合は、CRS 変換機能を有効にすることで解決できるはずです。

図 VII-3 プロパティ設定

4 プラグインのインストール

QGIS は制限なく無料で利用できるフリーソフトで、開発のためのソースコードもオープンされているため、自分で必要な機能を開発して追加することができます。また、QGIS には、本体に入っていない、有志により提供されている高度な分析ができる機能を組み込んで利用できる便利な機能があります。この機能をプラグイン機能といいます。

プラグイン機能は QGIS を用いて高度な分析を行ったり、QGIS をより便利に利用したりするための機能です。この機能の利用は本書の解説にも欠かせません。最初に馴染みがあるグーグルマップのようなデジタルマップを利用するための準備も兼ねて、プラグインをインストールする方法を説明します。

まず、QGIS の起動画面からメニューバーの［プラグイン(P)］、［プラグインの管理とインストール］の順にクリックして、現在のプラグインの状態を確認します。図 VII-4 の通

り、画面上部のバーには現在の操作がプラグインであることやインストールされているプラグインの数が表示され、現在の状態を確認することができます。

　プラグインをインストールするためには、目的のプラグインを選択し、「プラグインをインストール（画面右下部に表示）」をクリックするだけです。試しに、最近のスマートフォンなどでお馴染みのグーグルマップを含む無料のデジタルマップを QGIS で利用するために必要な Open Layers Plugin を、リストから見つけてインストールしてください。正しくインストールされると、図 VII-5 の枠の部分に示したメニューを順に選択していくことができ、お馴染みのグーグルマップなど、各種デジタルマップを QGIS で利用できるようになります。

　さて、プラグインの起動確認のため、上記の図 VII-5 に従い、アイコンをクリックして進めると、図 VII-6 の通り、世界地図が表示されるようになり、インストールしたプラグインが正しく機能していることが確認できます。

　このように QGIS 本体には含まれていない機能や、あれば便利で役に立つ機能は、有志がプラグインとして提供する様々なものがあり、それらを QGIS にプラグインとして組み込むことで、QGIS がさらに便利に、また機能がさらに強化されるようになります。利用目的に合わせてプラグインをインストールしたり、不要になったものは削除したりして、お使いください。

　プラグインは以上のように便利な機能である一方、他方でインストールするプラグインの数が増えるほど、QGIS の起動や演算に時間がかかるようになり、QGIS の処理（正しくは、体感）スピードが遅くなります。場合によっては実用に耐えないほど、スピードが遅くなったりもします。その際には、不要なプラグインを削除し、再度作業を行ってみてください。処理スピードが速くなるはずです。

　なお、最近 Google Map が QGIS 上に表示できないようになったことを受け、本書では Google Map の代わりに、著作権の問題などもないデジタルマップで、機能的にほとんど変わらない Open Street Map を用いることにします。

第3部　発展編：QGISを使う

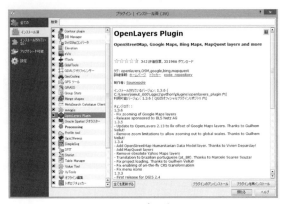

図 VII-4　プラグイン

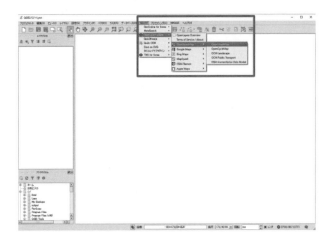

図 VII-5　プラグイン：Open Street Map

VII QGISの導入

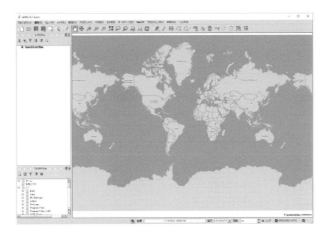

図 VII-6 プラグイン起動

第3部　発展編：QGISを使う

VIII　地図の表示

　前節までの作業で QGIS のインストールが終わり、利用するための準備が整いました。また、日常的によく使うデジタルマップの一種、Open Street Map を QGIS 上で利用するためのプラグインをインストールしました。

1　表示方法

　ここでは、GIS の主な機能である地図の「表示機能」と「分析機能」のうち、前者の表示機能をとりあげ、解説します。

　地図を表示するためには、2つの方法があります。

　まず、地図ファイルを QGIS のレイヤウィンドウ、またはマップウィンドウにドラッグ＆ドロップする方法があります。つぎに、ブラウザウィンドウを利用する方法です。地図ファイルを入れておいたフォルダに移り、ファイルを指定して表示する方法があります。

　双方に大きな違いはありませんが、前者の場合、地図ファイル（○○○.shp のように拡張子が .shp であるファイル）をドラッグ＆ドロップする必要があります。地図ファイル以外のファイルをドラッグ＆ドロップすると、画面上にドラッグ＆ドロップしたファイルが地図ファイルでないとの警告が表示されます。もちろん、地図も表示されません。注意が必要です。

　パソコンの設定にファイルの拡張子が表示されない非表示設定になっている場合には、後者のブラウザウィンドウによる方法を利用した方がいいでしょう。

　では、四国4県の地図を実際に QGIS 上に表示してみましょう。

　前章で説明したことを参考に、地図ファイル（○○○.shp）をマップウィンドウまたはレイヤウィンドウにドラッグ＆ドロップすると、図 VIII-1 のように四国4県のマップが現れます。ここでは県別マップになっているため、4つのファイルをそれぞれマップウィンドウまたはレイヤウィンドウにドラッグ＆ドロップします。これで、レイヤウィンドウには四国4県のレイヤファイルが、マップウィンドウにはマップが、表示されます。

　つづいて、四国88箇所霊場を表示すると、「x」で表示を ON にしたレイヤが地図上に表示されます。四国88箇所霊場のレイヤの名称がレイヤウィンドウに追加されていることも確認できます。このように、マップウィンドウに表示されたデータのレイヤが、順番にレイヤウィンドウに表示されることが分かります。参考にレイヤウィンドウのレイヤ名は、上のレイヤ名が上に、下のレイヤ名が下に置かれた状態を意味します。レイヤを置く順番

VIII 地図の表示

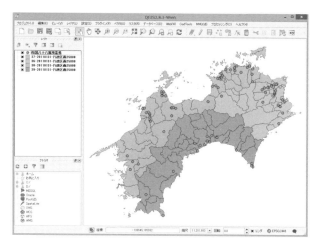

図 VIII-1 四国4県と四国霊場の表示

を考えないと、レイヤウィンドウには表示されているのにマップウィンドウに表示されない、正しくは、目で確認できないことになります。たとえば、図 VIII-1 の四国八十八箇所霊場のレイヤをもっとも下に移動させると、マップウィンドウから確認できなくなります。このように必要に応じてレイヤの順番を考える必要があります。また、道路だけのレイヤと川だけのレイヤでみると、川のレイヤの上に道路のレイヤを置くことで、川の上、つまり橋などで道路がつながっていることになりますが、順番が逆になると道路が川で寸断されているように見えてしまいます。このようにレイヤの順番は地図の表示において重要なポイントといえます。

なお、本節では地図の画面表示の解説のため、表示方法だけを紹介しました。表示するファイルを手に入れる方法や作成する方法については改めて説明します。

2 ファイルの取り扱い

ここで表示した四国 4 県の地図は、国土地理院のダウンロードサービスからダウンロードし、表示したものです。ダウンロードしたファイルは、同じファイル名に、拡張子だけが異なる複数個のファイルがひとつのセットになっています。今回の場合は、ひとつの県に4つのファイルがあることが分かります。

また、四国 88 箇所霊場のように自分で作成したものも例外ではなく、複数のファイルが

第3部　発展編：QGISを使う

ひとつのセットになります。

　取り扱うレイヤの数や分析回数が増えるほど、ファイルの数も増えます。セットファイルのうち、削除やファイル名の変更などを含み、同名のファイルがひとつでも不足すると、マップの表示ができないなどの不都合が生じます。ファイル名の変更やファイルの削除および移動など、ファイルの取り扱いには十分な注意が必要です。

　デスクトップなどに保存しつづけると、ファイルの数が増え、目視ではファイルの存在が確認できなくなります。その際には、エクスプローラーなどを使い、デスクトップ上のファイルを閲覧することで、確認できるようになります。

　GIS の作業で作られるファイルを保管するためのフォルダを作成し、保存先に指定することをお勧めします。

3　ファイル種別の確認

　つぎに、図 VIII-1 のレイヤウィンドウから、レイヤ別のスタイル（ポイント、ライン、ポリゴン）が読み取れます。レイヤウィンドウの最も上にあるレイヤ名の四国八十八ヶ所霊場の前に緑色の「〇形」の印がついていますが、この印はデータの種別がポイント（点）であることを示します。マップウィンドウには同色同型のデータがたくさん表示されています。この例では 88 箇所の霊場の点のデータ（88 個）を表示しています。

　また、レイヤウィンドウには、36-20110131-行政区画 25000 など数字で始まるレイヤが 4 つあり、レイヤ名の前に色がついた「正方形」の印があり、県ごとに同色で四国 4 県が塗りつぶされていることが分かります。この印は、そのレイヤがポリゴン（面）データであることを示しています。

　ここには載っていませんが、道路や鉄道などのような線状のラインデータは、「線形」の印で表示されます。

　このように地図上の空間を示すデータは、点・線・面の 3 種類のうち、いずれかのデータになり、「〇形」・「正方形」・「線形」のいずれかの印で表示され、レイヤのデータ種類を一目で確認することができます。

4　CRS の確認

　ここまでの学習で国土地理院からダウンロードした四国 4 県のマップデータと、自分で作成（ここでは紹介のみ）した四国 88 箇所霊場データを表示することができました。これ

らのデータの CRS を確認することは、単に地図を表示するだけなら、異なる CRS 状態でも表示できる「オンザフライ」の設定でどうにか対応できます。しかし、GIS を使う目的のもうひとつは地図を用いた空間分析です。表示した地図を基に分析を行うためには、マップウィンドウに表示させるすべてのレイヤの CRS を一致させる必要があります。

現在表示されているマップデータの CRS は、図 VIII-1 の右下に EPSG2446 と書いてあるので、確認することができます。

EPSG2446 とは、四国 4 県を平面上に投影する際に使う CRS 形式のひとつです。この CRS の設定や変更などを含む応用学習は、章を改めて説明します。ここでは、マップウィンドウ上で CRS の確認ができることを理解しておきましょう。

第3部　発展編：QGISを使う

IX　データの取得

　GIS を利用するために必要なデータは自分で作成するのが基本ですが、GIS が利用できるようになるまで時間がかかり、効率的とはいえません。各種データのデジタル化が進み、政府機関や民間企業、個人などが提供する地図データや、その他にも多種のデータがインターネット上に存在します。データの入手を効率的に行うため、データを自分で作成する前に、インターネットを含む外部から入手できるかどうかを入念に確認する必要があります。

　政府は GIS の普及や活用に向けて、2007 年「地理空間情報活用推進基本法」の成立や 2008 年「地理空間情報活用推進基本計画」の実施など、地理空間情報の整備を進めており、現在は関連する省庁が様々な地理空間情報を提供するようになりました。そのため、政府機関などが提供するデータを取得し、目的に合わせ加工して利用することができます。その他、経済的に余裕があるならば、市販されているデータを購入して利用することもできます。このように、近年は様々な方法で GIS に用いるデータを取得することができるようになりました。

　現在、政府機関が提供する主な地理情報データには、国土地理院が提供する基盤地図情報ダウンロードサービスや、国土交通省国土政策局が提供する国土数値情報ダウンロードサービス、総務省統計局が提供する GIS 用統計データ（e-Stat）などがあります。

　本章では、政府機関が運営する GIS データの提供サイトであるこれらの 3 種のデータ源をとりあげ、データの特徴や、データの取得から利用までを解説します。

1　基盤地図情報

　基盤地図情報は国土地理院により提供されているサービスです。このサービス（図 IX-1 参照）を利用すると、測量の基準点、海岸線、行政区画の境界線及び代表点、道路縁、軌道の中心線、標高点、水涯線、建築物の外周線、市町村の町もしくは字の境界線及び代表点、街区の境界線及び代表点などのデータや数値標高モデル（Digital Elevation Model、通称 DEM）など、国土の形に関連する各種データを取得することができます。

　このサービスを利用するためにはユーザー登録が必要です。初めて利用する場合は手順に従って登録を済ませてください。その後、ログインのため、毎回 ID およびパスワードを入力する必要があります。ログイン後、画面の指示に従って進めていくと、図 IX-2 のようなダウンロードできるデータの種別を選択する画面が表示されます。必要なファイルおよ

IX　データの取得

地理院ホーム ＞ 地図・空中写真 ＞ 基盤地図情報サイト

基盤地図情報サイト

全国の基盤地図情報をダウンロードできます。過去に公開した基盤地図情報もダウンロードできます。

図 IX-1 基盤地図情報サイト

基盤地図情報 ダウンロードサービス

ログアウト
国土地理院ホーム ＞ 基盤地図情報 ＞ ダウンロードサービス ＞ ダウンロードファイル形式選択

ダウンロードファイル形式選択
以下からダウンロードするファイル形式を選択してください。

(注):本ページで記載する基本項目とは、
「測量の基準点」、「海岸線」、「行政区画の境界線及び代表点」、「道路線」、「軌道の中心線」、「標高点」、「水涯線」、「建築物の外周線」、「市町村の町若しくは字の境界線及び代表点」、「街区の境界線及び代表点」を指す。

過去に公開した基盤地図情報のダウンロードはこちら

・基盤地図情報の種類・使用承諾はこちらをご覧ください。
・ワンストップサービスを利用して基盤地図情報の種類・使用承諾を申請される方はこちら
・平成23年(2011年)東北地方太平洋沖地震に伴う、顕著な地殻変動が認められた地域における基準点などの改定は「平成23年(2011年)東北地方太平洋沖地震」に伴う測量成果の取り扱いについてをご覧ください。

データ更新情報 (2015年1月30日更新)
資料・表示ソフトウェア

符号化規則
　ダウンロードファイルは、基盤地図情報(公開用)応用スキーマによって定義された構造を持つデータをJPGIS2014(GML)形式で符号化したXML文書ファイルです。
　基盤地図情報(公開用)応用スキーマに関する資料は、以下のリンクからダウンロードできます。
　■ JPGIS(GML)形式
　　基盤地図情報 XMLスキーマ定義ファイル4.0(JPGIS2014(GML)形式)(5.0KB zipファイル)(2014年7月31日掲載)

ダウンロードファイル仕様
　ダウンロードファイルの仕様に関する資料は以下からダウンロードできます。
　　基盤地図情報 ダウンロードデータ ファイル仕様書4.0(1,138KB PDFファイル)(2014年7月21日更新)

　ダウンロードデータファイル名定義については以下となります。
　　基盤地図情報データのファイル名について(79KB PDFファイル)(2014年9月30日更新)

　基盤地図情報(数値標高モデル)の種類と概要については以下となります。
　　基盤地図情報(数値標高モデル)の種類と概要(2014年5月1日更新)

表示ソフトウェア
　データを表示するための基盤地図情報ビューアは、以下のリンクからダウンロードできます。
　　基盤地図情報ビューア(9.6MB zipファイル)(2014年11月19日更新)

図 IX-2 基盤地図情報ダウンロードサイト

第 3 部　発展編：QGIS を使う

び形式を選択して次に進むと、データをダウンロードすることができます。ここでは左側の基盤地図情報基本項目からデータをダウンロードし、表示することまでを学習します。

(1)　ファイルのダウンロード

　図 IX-2 の上部の左側の基盤地図情報基本項目をクリックしてデータのダウンロードサイトに進むことができます。図 IX-3 のように、ダウンロードしたい地域を地図から選択するか、都道府県名や市区町村名をクリックする方法で選択することができます。複数箇所を選択することもできます。

　次に進むと、図 IX-4 のようにダウンロードされるファイルの確認ができます。ダウンロードは個別にも、まとめてもダウンロードできますが、ここでは「全てチェック」をクリックし、すべてのファイルを選択して「まとめてダウンロード」をクリックし、一括してダウンロードすることを勧めます。理由は、ダウンロードされるファイルが圧縮ファイル、いわゆる.zip 形式のファイルになるからです。ファイルの取り扱いは、次節で取り上げる基盤地図情報ビューアを用いて行います。ビューアで圧縮ファイルの閲覧ができますので、まとめてひとつの圧縮ファイルでダウンロードする方が煩わしくなく、取り扱いも簡単です。

IX　データの取得

図 IX-3　ダウンロードサイト1

図 IX-4　ダウンロードサイト2

第3部　発展編：QGISを使う

(2)　データの表示

基盤地図情報センターからダウンロードしたデータは、ファイル形式が.gml 形式であるため、ダウンロードしたままで GIS に表示することはできません。ダウンロードした基盤地図情報を閲覧したり、そのファイルを GIS で利用したりするためには、専用ソフトの「基盤地図情報ビューア」が必要です。

図 IX-2 の下にある基盤地図情報ビューアをダウンロードし、インストールする必要があります。手順に従い、インストールを進めてください。インストールが正常に終了し、ビューアを起動すると、図 IX-5 のようにマップウィンドウに基盤地図情報という文字が、また、左側のレイヤウィンドウにはグレー調の文字が表示されます。

前節でダウンロードした.zip 形式の圧縮ファイル（PackDLMap.zip）をビューアにドラッグ＆ドロップすると図 IX-6 のように、マップウィンドウにはダウンロードした地図が、また、レイヤウィンドウには、ダウンロードされたデータに当たるレイヤ名がグレー調から黒に変わり、レイヤ名の前にボタンが点いて表示されることが確認できます。

これで基盤地図情報センターからダウンロードしたデータを閲覧することができます。

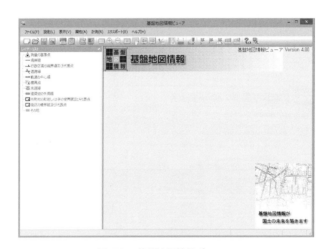

図 IX-5　基盤地図情報ビューア

IX データの取得

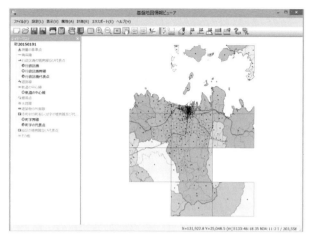

図 IX-6 基盤地図情報ビューアの閲覧

2 国土数値情報

　国土数値情報ダウンロードサービスは、国土交通省国土政策局国土情報課により提供されているサービスです。このサービスを利用すると、国土に関する基礎的な空間データをダウンロードすることができます。

　つまり、基盤地図情報センターにより提供される国土の形に関するデータとは別に、地図上に表示できるさまざまな空間情報をダウンロードすることができるサイトです。

① 国土に関連しては、水域・地形・土地利用や地価に関するデータ
② 政策区域に関連しては、大都市圏・条件不利地域・災害や防災に関するデータ
③ 地域に関連しては、各種施設・地域資源や観光・保護保全に関するデータ
④ 交通に関連しては、鉄道・空港・バス路線など・パーソントリップに関するデータ

以上4種類のデータが提供されています。詳しくは、国土数値情報ダウンロードサイト（図 IX-7）で確認できます。

(1) ファイルのダウンロード

　ファイルのダウンロードは、ダウンロードサイト（図 IX-7）から必要なデータを選んで次に進み、測地系やその他の条件を確認して、ダウンロードします。ダウンロードされた

ファイルは圧縮されたファイルです[6]。ダウンロード後、必ず解凍（展開）作業を行う必要があります。デスクトップなど、分かりやすいところにフォルダを作成し、圧縮されたファイルのすべてを解凍します。解凍したシェープファイルは、GIS 上で表示できるようになります。

国土数値情報は、GIS マップファイルのシェープ形式（.shp）で提供されるものと、独自形式により提供されるもの（gml 形式といい、拡張子が.gml になっているもので、以下 gml ファイル）があります。gml ファイルを利用するためには、シェープファイルに変換する必要があります。ここでは、そのための変換ツールの取得とインストールについて解説します。

国土数値情報ダウンロードサービスのサイトのトップページは、3段組となっています。左側の段の下部にある図 IX-8 の○印で示したようなメニューをクリックすると、図 IX-9 に進み、データの変換ツールが選べるようになります。クリックしてさらに進むと、図 IX-10 のようにダウンロードするファイルを選択する画面になります。ここで、QGIS 本体のインストール同様、使用するパソコンにあったものを選択し、ファイルをダウンロードします。その後、圧縮ファイルを解凍してインストーラーを起動すると、インストールするものを選択する画面に移ります。

図 IX-11 に示したように変換ツールのインストールを選び、インストールを進めていきます。インストール作業が正常に終了し、変換ツールが起動すると、図 IX-12 のような画面が表示され、変換したい gml ファイルがあるフォルダおよびシェープ形式に変換後、ファイルを置くフォルダの指定が求められます。両方のフォルダを指定して変換をクリックすると、しばらく経って作業が終了[7]し、生成されたシェープファイル名や場所を、出力ログウィンドウに示して作業の結果を確認することができます。変換するファイルのサイズ

---

[6] ダウンロードしたファイルは圧縮されている、いわゆる zip ファイルです。そのままでは使えません。しかし、最近の windows にはこれらの圧縮ファイルの中身を閲覧できる機能が搭載されており、ファイルをダブルクリックするだけで中身を閲覧することができるようになりました。このことが逆に初心者にとって障害になっているようです。「ファイルの中身が確認できるのになぜ？」。言い換えれば、透明なガラスの箱の中にファイルを入れてあるため、見えるだけで、使うためには箱から取り出す必要があることは言うまでもありません。

提供するファイルは、ファイルのサイズを小さくしてダウンロードに必要な時間を短縮する目的もあって、一般的には圧縮されています。ダウンロードしたら、まずはファイルの拡張子を確認し、ファイル名が .zip や .lzh など（その他にも様々な形式の圧縮ファイルが存在する）で終わるものは、必ず解凍して（透明なガラスの箱から出して）、使うようにしてください。

[7] 変換にかかる時間は、変換するデータの量やパソコンの性能によって大きく変わります。かなり時間がかかる場合がありますが、進行状況は図 IX-12 の出力ログウィンドウに表示され、パソコンが正しく作動していることが確認できます。作業が終了するまで、待ちましょう。

IX　データの取得

や量によっては、かなりの時間が必要となる場合があります。変換作業中、パソコンのCPU占有率が高くなるため、他の作業はほとんどできない状態になります。変換する量が多い場合には、分割して変換をするなど、工夫が必要です。

　以上の手順で、国土数値情報ダウンロードサービスで取得したgmlファイルをGISで使えるシェープファイルに変換することができます。

　なお、エラーなどの不具合や進行状況も図 IX-12 の出力ログウィンドウに表示されるので、作業の状態を一目で確認することができます。

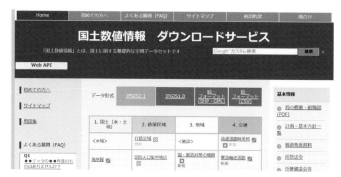

図 IX-7 国土数値情報ダウンロードサイト国土数値情報データの変換ツール

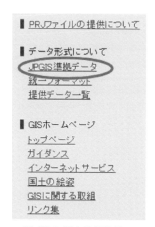

図 IX-8 国土数値情報 1

第3部　発展編：QGISを使う

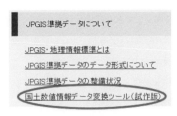

図 IX-9 報変換ツール

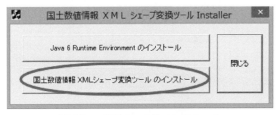

図 IX-10 変換ツールのダウンロード

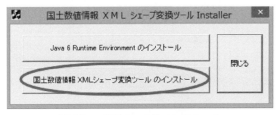

図 IX-11 変換ツールのインストール

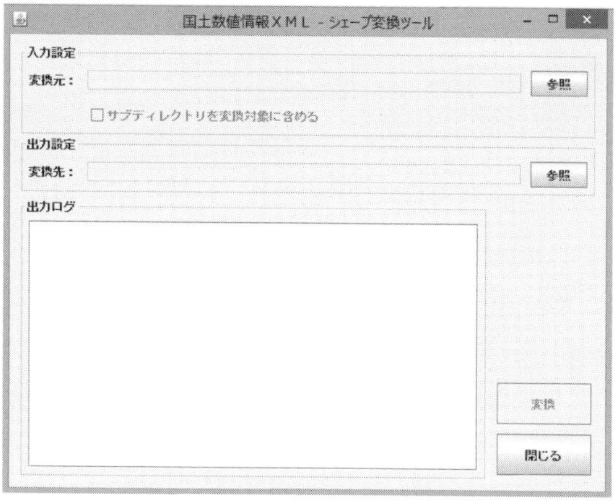

IX データの取得

図 IX-12 変換ツールの起動

3 e-Stat

　e-Stat は、総務省統計局が提供する、各種の日本の統計データが取得できる政府統計のポータルサイトです。提供される統計データには、従来通りの表形式によるものや、デジタルマップに表示できる、いわゆる GIS 形式によるものがあります。このサイトにアクセスすると図 IX-13 のような画面が表示され、データの検索画面になります。
　また、e-Stat のサイト上でデータを検索すること以外に、分類、分析するなど、統計データを加工した結果を確認することができます。いわゆる Web GIS サービスも提供されて

図 IX-13 e-Stat

第3部　発展編：QGISを使う

いるのです。

　図 IX-13 の○印のところにある「地図で見る統計（統計 GIS）」をクリックして進むと、図 IX-14 のような表示に変わります。

(1)　Web GIS の利用

　図 IX-14 の地図に表す統計データをクリックして進むと、図 IX-15 のような Web GIS が表示されます。表示したいデータを選び、グラフ化や階級区分などの分析が簡単にできます。Web GIS はインターネット上に提供される GIS 機能を利用するものをいいます。GIS ソフトや GIS に関する知識がなくても簡単に GIS を利用できる利点がありますが、提供されるデータ以外のデータを用いて、表示したり、分析したりすることはできません。

　簡単に GIS を体験することができる一方、GIS に関する知識を基に独自のデータの表示や分析をしたい人には少し物足りない機能にとどまっているといえるでしょう。

　Web GIS の機能に物足りなさを感じる読者は次節以降の解説を参照してください。

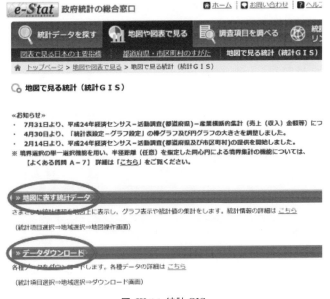

図 IX-14　統計 GIS

IX データの取得

図 IX-15 Web GIS

(2) ファイルのダウンロード

Web GIS は簡単な操作しかできず、それでは物足りなさを感じる利用者向けといえるのに対して、このサービスは、e-Stat が提供するファイルをダウンロードして表示や分析などを行うために、欠かせないものです。国勢調査に関連した内容をはじめに、経済センサスや農林業センサス、その他、事業所・企業統計調査に関連するデータを小地図やメッシュ形式で提供するサービスです。

ここでは、5歳階級別・男女別の香川県高松市の平成22年国勢調査（小地図）データをダウンロードすることを例に解説します。

図 IX-14 のデータのダウンロードをクリックして進み、Step1 の調査名を選ぶと図 IX-16 のようなダウンロードのための統計表検索リストが表示されます。さらに、Step2 で「年齢別（5歳階級、4区分）、男女別人口」を選び、下段の「統計表各種データダウンロードへ」をクリックして次に進みます。図 IX-17 に表示されたように、Step3 で都道府県名を選び、下に表示されるリストから市区町村の選択（複数選択可）し、検索をクリックすると、右側の Step4 に統計データと境界データが表示されます。

それぞれから必要なものをダウンロードします。

続いて、境界データをダウンロードする際、すでに第 V 章で解説した通り地図を正しく

45

第3部 発展編:QGISを使う

表示するためには、測地系や、座標系、ファイル形式を正しく選ぶ必要があります。ここでは、世界測地系・平面直角座標系・シェープ形式を選び、それぞれのファイルをダウンロードしてみましょう。境界データの中には、行政区分境界に関するデータおよび、ここでは人口になりますが、基本的な統計データが含まれています。ダウンロードした境界デ

図 IX-16 検索:データ

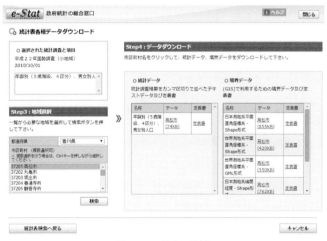

図 IX-17 検索:地域

IX　データの取得

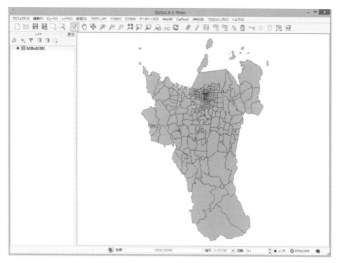

図 IX-18　ダウンロードデータの表示

ータの圧縮ファイルを解凍すると、ファイルがシェープファイル形式であるため、GIS の マップウィンドウにドラッグ＆ドロップするだけで図 IX-18 のように地図を表示すること ができます。

　これで e-Stat からデータをダウンロードして表示することができるようになりました。 その他、Step4 でダウンロードした統計データ、「高松市」の利用については触れていませ んが、このデータは csv 形式データといい、数字と文字で構成された普段目にする表形式の 統計データです。表の項目には、境界データの中にある地域を特定できる、地域コードの ような項目と同じ項目が含まれています。それにより、境界データ上に統計データをつな ぐ（QGIS では結合という）ことができるようになります。この統計データと境界データを 結合させて利用する機能はとても便利です。例えば今まで表でしか表現できなかった各種 データを、地図上で表現したり、様々な演算を行いその結果を地図上で表現したり、デー タと地図を連動させた表現や分析ができるようになります。この機能を利用するためには 地図をある程度取り扱えるようになる必要があります。そのため、本節での解説は割愛し、 次のステップ、XIV 章でとりあげます。

第3部　発展編：QGISを使う

4　自分で作成する

　前節までは、政府系サイトからデータをダウンロードする方法について解説してきました。その内容を参考に、汎用性が高いデータについては、まず、政府機関などが提供するデータの有無を丁寧に調べることをお勧めします。しかし、探しているデータがかならず政府機関などから提供されているとは限りません。このような場合は、外部からダウンロードできるものはダウンロードし、取得できないものについては自分で作成して必要データを揃えることになります。

　そのため、ダウンロードしたデータに手を加え、修正するなどの作業は、GIS を利用するために欠かせない重要なことであるといえます。また、データを加工することは GIS の特徴でもある分析過程においても非常に重要なポイントです。

　データの加工に関連する、いわゆる自分で作成・修正するなどの編集に関する内容は、54 ページのジオレファレンサーで解説します。

X　データの変換

データの取り扱いは、実際にやってみることがもっとも理解しやすいと思います。詳しい説明は後にまわして、まずは、実際にデータを必要な形式に変換することをとりあげ、解説していきます。

具体的に、基盤地図情報の基本項目および数値標高モデルをとりあげます。

1 基盤地図情報センターのデータの変換

基盤地図情報センターからダウンロードしたデータは gml 形式になっているため、QGIS を含む一般的な GIS ソフト上で、そのままで利用することはできません。このため、基盤地図情報ビューアを用いて閲覧することになります。また、GIS で利用するためには、shp 形式に変換する必要があります。gml 形式を shp 形式のファイルに変換する作業は、基盤地図情報ビューア上で行います。

この変換作業のことを、基盤地図情報ビューアでは「エクスポート」といいます。

作業のながれは、まず、基盤地図情報ビューアを使って内容を確認し、次に、必要なデータを選択してシェープファイルに変換します。この手順は以下の通りです。

図 X-1　エクスポート

第3部　発展編：QGISを使う

図 X-1 を参考に、メニューバーの［エクスポート］をクリックし、さらに［エクスポート］に進みます。画面が図 X-2 のように変わると、「変換種別」を「シェープファイル」に、また、「変換する要素」の中で必要なものを選択してチェックを入れ、下段の「出力先フォルダ」を適切なフォルダに指定して OK をクリックすると、指定したフォルダに図 X-3 のようにファイルが変換、出力されたことを知らせるウィンドウが表示されます。このとき、存在しないフォルダを指定すると、指定のフォルダが新たに作成されます。

なお、その他に数値標高モデルのデータの場合も同じく、利用するためには変換が必要です。数値標高モデルはラスタデータであるため、ここではとりあげず、後述するラスタデータの分析の章（79 ページから）で解説します。

(1)　ビューアで表示

必要なデータを基盤地図情報センターからまとめてダウンロードすると、ファイル名は PackDLMap.zip となります。選択した形式のファイルをひとつに圧縮したもので、中には複数のファイルが入っています。利用する為には、上記した基盤地図情報ビューアをたちあげ、ダウンロードしたファイル（PackDLMap.zip）をマップウィンドウにドラッグ＆ドロップします。表示までにしばらく時間がかかりますが[8]、図 IX-6 のように表示されます。画面左側にアイコンが表示され、濃い色の文字の部分が、現在マップウィンドウに表示されているデータの一覧です。ここで、正しくダウンロードされているのか、確認することができます。もし、ダウンロードされていない場合は、再度基盤地図情報センターから不足データや異なるデータを、ダウンロードし追加します。

(2)　シェープファイルに変換

前節では基盤地図情報からダウンロードしたデータをビューアで表示するための手順を解説しましたが、ここでは表示されたデータを確認しながら必要なデータを GIS で利用できるように shp 形式などのファイルに変換することを解説します。

まずは、図 X-1 のように表示し、メニューの［エクスポート］をクリックし、ファイルの形式やエクスポートする要素を選びます。つづいて、図 X-2 のように、「変換種別」を「シェープファイル」に、また、「出力先のフォルダ」を選び、OK をクリックすると GIS で使

---

[8] ダウンロードしたファイルの大きさにより所要時間は大きく変わります。場合によっては数十分がかかります。

X　データの変換

える shp 形式のファイルにエクスポート（変換）することができます。変換作業が無事に終了すると、図 X-3 のようにファイルが変換され出力されたことを知らせるウィンドウが現れます。

基盤地図情報センターからダウンロードしたデータが GIS で利用できるシェープファイルに変換され、指定したフォルダに保存されていることが確認できます。

これで、gml ファイルをシェープファイルに変換できて、GIS ソフト上で使用できるようになりました。

図 X-2　エクスポートの保存先

図 X-3　エクスポートの進行状況

51

第4部

応用編
GIS分析を学ぶ

　第4部では、GIS関連データを加工したり、足りないデータを自分で作成して追加したり、必要なデータファイルを準備してデータの分析ができるように整えることをゴールに、関連する内容をとりあげ、解説していきます。

第4部 応用編：GIS分析を学ぶ

XI　レイヤの自作

　政府系サイトからダウンロードしたデータは、汎用性の高さがメリットといえますが、自分が求めるデータとは限りません。そのため、データの一部を抽出したり、ほかの統計データと結合したり、データの編集加工作業を行い、自分好みのマップやデータファイルなどを作成する必要があります。これまでの発展編では、そのために必要な内容をとりあげ、解説しました。

　本章では、求めるデータに近いものをダウンロードや編集作業を通しても取得できず、最初から自分で作成しないといけない場面を想定し、必要な内容をとりあげ、解説します。

1　ジオレファレンサー

　紙の上に印刷された地図や地形図、ガイドマップなどをベースにしながら、デジタルマップを作成することが想定されます。紙の上に描かれた地図は位置情報をもちません。このため、QGIS を含む GIS 上に緯・経度に合わせた正しい位置に表示することはできません。この種のデータをデジタル化するためには、まず、紙の地図をスキャナーやデジタルカメラなどを用いて jpg、png、tif などの画像形式のファイル（GIS でいうラスタデータ）に変換する必要があります。

　スキャナーやデジタルカメラなどを用いて、紙の上の地図などをラスタデータに変換する作業はとても簡単です。必要なら変換作業をする機材の説明書などを参考にしてください。本節では、それらの説明は割愛し、つぎのステップであるラスタデータに変換されたデータを GIS 上に表示することからとりあげます。

　ラスタデータを QGIS のマップウィンドウに読み込むと、図 XI-1 で見るようにラスタデータ単体なら、とりあえず表示されます。しかし、読み込んだデータには位置情報が含まれていません。そのため、他のデジタルマップ（当たり前ですが、位置情報が含まれているマップ）と一緒に表示することはできません。理由は、GIS 上で一緒に表示するためには、表示するすべてのレイヤの CRS を一致させる必要があるからです。

　QGIS 上では、オンザフライ機能を使い、CRS が異なるマップの表示ができますが、CRS が含まれていない場合は、「とりあえず」表示するための CRS がないため、表示することもできません。結果的に CRS 指定のマップと CRS を含まないラスタデータを同時に表示すると、マップウィンドウに小さい点として表示されるだけです。

XI レイヤの自作

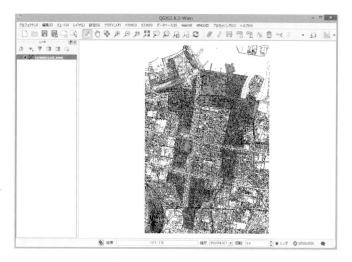

図 XI-1 ラスタデータの表示

(1) 位置情報の追加

ラスタデータを QGIS 上で緯・経度に合わせた正しい場所に表示するためには、Open Street Map や Google Map など、実際のデジタルマップ上でぴったり重なる（緯・経度が一致する）ように、ラスタデータを動かしながら重なり合うように調整する必要があります。このことをジオレファレンシングといいます。

本節では、高松市が指定する商業地区のラスタデータに、①位置情報を追加し、②QGIS 上に表示して、③シェープファイルを作成するまでを解説します。

1) 準備

ジオレファレンシングを行うため、まず、QGIS 上にラスタデータのおおよその場所を、図 XI-2 のように、メニューバーから [Web]、[Open Layers Plugin]、[Open Street Map]、[Open Street Map] の順にクリックし、Open Street Map を表示させておきます[9]。Open Street Map を表示するためにはプラグインをインストールする必要がありますが、

---

[9] QGIS のプラグインとして Google map が利用できましたが、著作権問題や、最近 QGIS 上で表示できなくなった点を理由に、本書では有志によって作成され著作権問題などがなく、Google map とほぼ同様な機能をもつ Open Street Map を用いて解説します。その他にも様々なデジタルマップがありますが、基本的に Open Street Map と同じような利用方法となります。

第4部 応用編:GIS分析を学ぶ

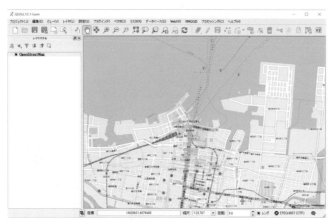

図 XI-2 Open Street Map の表示

すでに「発展編、QGIS の導入」で解説しましたので、必要なら参照してください。

2) ジオレファレンシング

Open Street Map のレイヤを追加して、QGIS 上で［ラスタ］、［Georeferencer］、［ジオレファレンサー］の順にクリックすると、図 XI-3 のようにジオレファレンサーのダイアログウィンドウが現れます。つづいて、［ファイル］、［ラスタを開く］をクリックし、位置情報を追加したいラスタデータを指定すると、図 XI-4 のように上段のラスタウィンドウに表示されます。また、ファイルをジオレファレンサーのラスタウィンドウにドラッグ＆ドロップして表示することもできます。

下段の GCP（Ground Control Point）テーブルにはラスタデータに位置情報が指定されていないので、データは表示されず、フィールド名だけが表示されていることが確認できます。

［編集］、［ポイントの追加］で、ジオレファレンサーのラスタデータ上の位置を選択し、つづけて QGIS のマップウィンドウ上の同一場所を選択して、ラスタデータを Open Street Map に一致させていきます。具体的に、ジオレファレンサーでポイントを追加すると、図 XI-5 のようなダイアログウィンドウが表示されます。下部の「マップキャンバスより」アイコンをクリックすると、QGIS に表示した Open Street Map が最前面に表示されるので、同じ場所を探してクリックします。この際、誤差を最小限にするため、マップを詳細に拡

XI レイヤの自作

大してから指定することがポイントです。「地図座標を入力」ダイアログウィンドウに xy 地図座標が入っていることを確認し、「OK」をクリックします。QGIS 上にラスタデータを表示するためには、この作業で最低 3 箇所の緯・経度の指定が必要です。作業が終了すると、図 XI-6 の GCP テーブルのように追加したポイントの数と同じ行数のデータが表示されます。確認後、［ファイル］、［ジオレファレンシングの開始］を順にクリックします。「変換の設定」のダイアログウィンドウが表示されるので、各項目はデフォルトのままの図 XI-7 のようになっていることを確認し、「出力ラスタ」には位置情報を追加したラスタデータを保存する場所とファイル名を指定して「OK」をクリックします。

これで、図 XI-8 のように Open Street Map の上に、ラスタデータが正しく表示されたらジオレファレンシングは完了です。

なお、ラスタデータをデジタルマップに一致させるためには、ポイントの数を増やすことが一般的ですが、むやみに増やす必要はありません。ラスタデータのスタイルにもよりますが、4 箇所から 8 箇所程度の指定で十分実用に耐えるものになります。

緯・経度の数を増やすことよりも、前述した通り、ポイントの追加の際、地図を拡大して指定するなど、できるだけラスタデータとデジタルマップとズレが生じないように細心の注意を払うことが、もっとも重要なポイントです。

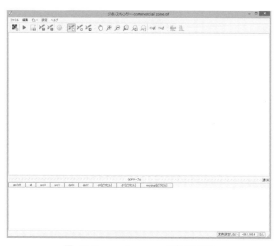

図 XI-3 georeferencer の起動画面

第4部 応用編：GIS分析を学ぶ

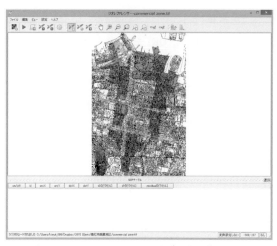

図 XI-4 georeferencer によるデータの読み込み

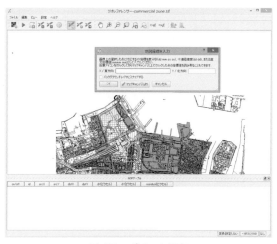

図 XI-5 ポイント指定

XI レイヤの自作

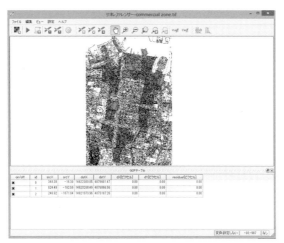

図 XI-6 ポイント確定

図 XI-7 変換設定

第4部 応用編：GIS分析を学ぶ

図 XI-8 位置情報の確定

2 レイヤの作成

前節の作業により、図 XI-8 でみるように紙の地図やガイドマップなどから変換したラスタデータをデジタルマップ上に重ね合わせて表示することができました。

最後に本節では、ジオレファレンシングにより QGIS に取り込んだラスタデータを基に、レイヤを作成することを解説します。図 XI-8 は、ラスタデータに位置情報を加え、マップ上に一致させただけです。表示されたからデジタルマップになっているわけではありません。図 XI-8 でみるように、ラスタデータをデジタルマップと重ね合わせて表示することが目的ならそれで終了です。しかし、緯・経度を指定して正しい場所に表示したラスタファイルのデータを、他のデジタルマップと一緒に表示させて分析するなど、GIS 本来の機能を利用するためには、ラスタデータをもとに新しいレイヤ、つまり新しいシェープファイルを作成する必要があります。本節ではジオレファレンシングで一致させたラスタデータを基に、新規シェープファイルを作成することを解説します。

図 XI-8 の状態で、［レイヤ］、［レイヤの作成］、［新規シェープファイルレイヤ...］をクリックします。「新規ベクタレイヤ」というダイアログウィンドウが現れます。今回作成するレイヤは高松市内の商業地区のレイヤなので、タイプはポリゴン（面）に、CRS は Open Street Map が利用している CRS に合わせて指定し、その他図 XI-9 を参考に選択して「OK」をクリックします。今回のレイヤの作成では新しい属性を追加しませんので名称は空白の

XI レイヤの自作

図 XI-9 新規レイヤの追加

ままにします。なお、必要なら作業の後からでも属性を追加することができます。
　つづいて、作成するレイヤを保存する場所やレイヤ名を入力するように求められますので、指示に従い進めていきます。これで新しいレイヤが作成できました。QGISのレイヤウィンドウに入力した名称のレイヤが追加されたことが確認できますが、データが入ってないレイヤなのでマップウィンドウに変化はありません。つまり、何も表示されません。

(1)　ポリゴンレイヤ（地物の追加）
　作成したレイヤに指定した地物（ポリゴン）を追加していきます。このとき、ツールバーに編集に必要なデジタイズ関連アイコンを表示させます。すでに表示されている場合、この過程は必要ありません。
　図 XI-10 を参考に、［ビュー］、［ツールバー］を順にクリックして、「デジタイズ」にチェックを入れ、表示させます。これで、図 XI-11 のようなアイコングループが追加されました。作業で使う主なアイコンには説明を付けています。
　最初に地物を追加するためには、編集開始のアイコンをクリックし、対象レイヤを編集モードにする必要があります。編集モードになると、QGISのレイヤウィンドウの該当レイ

第4部　応用編：GIS分析を学ぶ

ヤのアイコンが鉛筆模様に変わり、編集モードに変わったことを示します。つづいて、「地物の追加」アイコンをクリックし、地物を作成していきます。ラスタレイヤの赤い部分の外周をトレースして面を作成していきます。その際、地図を拡大してトレースした方が誤差も少なく、精度の高いマップができあがります。最後に、ポリゴンのトレースが終わったら、マウスを右クリックすることで id を入力するダイアログウィンドウが表示されますが、ここでは何も入力せず空白のまま「OK」をクリックし、作業を終了します。図 XI-12 のように、マップウィンドウに色付きのポリゴンが追加され、レイヤウィンドウにはレイヤ名が追加されています。これでひとつの地物の追加ができました。

さらに地物を追加するためには、再び編集開始のアイコンをクリックし、地物を作成していきます。本節では、ポリゴン（面）地物を追加することを基に解説していきますが、その他、ライン（線）についてはポリゴン地物の追加と同様な手法でできますので本節での説明は割愛します。また、ポイント（点）の追加は位置情報をまとめて追加する方法が現実的といえます。改めて解説します。

このように、ポリゴンやライン、ポイントの種別を指定したうえ、自作して追加することが簡単にできます。外部からダウンロードなどによりデータの収集ができない場合は、本節の手法を用いて、データを自作して追加してください。

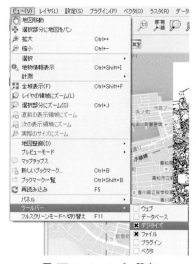

図 XI-10 ツールバー設定

XI　レイヤの自作

図 XI-11　デジタイズアイコンメニュー

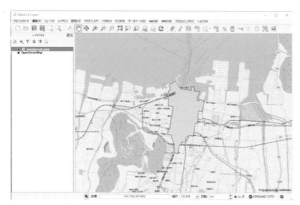

図 XI-12　ポリゴンレイヤの追加

(2)　スナップオプション

　さて、複数の地物（ポリゴン）を追加していくと、地物同士がぴったりくっついてラインを共有する図 XI-13 のような場面が多くあります。しかし、一見すると綺麗に描けたように見えますが、ほとんどの場合、注意して描いても拡大してみると線と線が重なり、不要な面ができてしまいます。確認しやすくするため、図 XI-13 を色無しで拡大してみると、図 XI-14 のように線と線がオーバーラップしていることが分かります。これでは、せっかくのデジタルマップとしての機能が使えなかったり、分析の際の誤差が生じたり、精度が低下してしまいます。

　レイヤを作成する際には、線と線が重ならず、線と線がぴったりくっ付くように、設定を変える必要があります。QGIS では、その機能をスナップといいます。

第4部 応用編：GIS分析を学ぶ

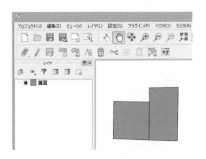

図 XI-13 地物追加例

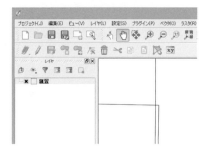

図 XI-14 地物の拡大

図 XI-15 スナップ設定

　設定するためには、図 XI-15 を参考に［設定］、［スナップオプション...］を順にクリックします。すると、図 XI-16 のようなダイアログウィンドウが表示されます。「スナップモード」のプールダウンリストに現在のレイヤを選びましたが、その際アドバンストを選ぶと、レイヤウィンドウの全てのレイヤを個別に設定することができます。
　つづいて、「スナップ」をクリックし、頂点と線分の組み合わせをどのようにするかを選択します。頂点とは線が尖っているところを、線分は線全体を指します。それらの頂点および線分から一定距離（設定値）内にマウスのカーソルが近づくと、まるで磁石に鉄が引っ張られていくようにマウスのカーソルが頂点や線分のところに引っ張られていき、ぴったりくっつきます。これで、線と線がぴったりとくっつく線が引けるようになります。
　スナップの設定の際、一定距離が許容範囲です。許容範囲は、人によって、また場合によって好みが変わるので、自分に合わせて設定を変えて使うようにしてください。スナップの許容範囲は、経験からして 5.0 程度が無難だと思いますが、数値が大きくなるほど、磁石の力が強くなると思えば分かりやすいでしょう。設定値の右には単位の指定があります

XI　レイヤの自作

図 XI-16　スナップオプションの設定

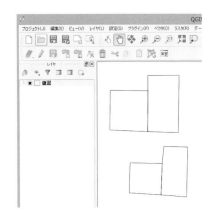

図 XI-17　スナップ有無の比較

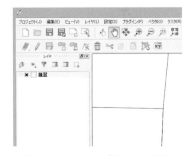

図 XI-18　スナップ設定の有効例

が、ここでは「ピクセル」にしておきます。図 XI-16 を参考に設定をし、「OK」をクリックします。図 XI-17 のように先ほど追加した地物の隣にさらに地物を追加し、大きく拡大して確認してみると、図 XI-18 でみるように、線と線がぴったりとくっついており、スナップ機能を使わなかった時との違いが分かります。線がぴったりとくっついて、ひとつの線になっていることが確認できます。

このように、地物の追加においてスナップ設定は欠かせないとても重要な機能です。

(3)　ポイントレイヤ（ポイントデータの追加）

ポイントデータを追加する方法は、地図上で確認しながら一箇所、また一箇所と追加していく方法があります。前節の地物の追加で解説した方法で追加することができますが、大量のポイントデータを追加する場合、この方法は効率的とはいえません。

第4部 応用編：GIS分析を学ぶ

　本節では四国88箇所すべての寺院を一括してレイヤに取り込むことを例に解説していきます。まず、四国88箇所のリストをつくる必要があります。とりあえず寺院名や住所が載っていればOKです。

　図 V-5 のようにエクセルなど、表計算ソフトを使い、寺院名と住所などをまとめ、保存する際に csv 形式（図 V-4 参照）で保存すれば OK です。この際、ファイル名は、変換時のエラー防止の為、半角英数字で指定します。

3）　アドレスマッチング

　人は住所で場所を特定することができます。それに対して、GIS は緯・経度で場所を特定します。そのため、人が特定できる住所が載っているリストを作成して、GIS が場所を特定できるように、住所を緯・経度に変換する作業が必要です。このことをアドレスマッチングといいます。

　変換したい住所が少ない時は、デジタルマップ上で一つ一つ調べることもできるでしょう。しかし、その数が多くなると変換に時間がかかり、作業効率が悪くなります。そのためここでは、リストを csv 形式のファイルに保存し、そのリストを一括して変換する方法をとりあげ、解説します。

　まず、csv ファイルを作成して保存しておきます。

　つぎに、東京大学空間情報科学研究センターが提供するアドレスマッチングサービスを利用して変換を行います。

　サイトの URL は、「http://newspat.csis.u-tokyo.ac.jp/geocode/modules/addmatch/index.php?content_id=1」です。サイトにアクセスすると、図 XI-19 に示した画面が表示されます。つづいて、サイト内の「今すぐサービスを利用する」をクリックすると、入力・設定画面になりますので図 XI-20 を参照しながら必要事項を入力します。その際、「住所を含むカラム番号」は左から数えます。本書の例では、図 V-5 でみるように、3 番目のカラムに入っているので、3 になります。住所が複数のカラムに分割されている場合には、それぞれのカラム番号を指定する必要があります。

　また、「…漢字コード」は Windows 環境を前提としていますので、設定を変更する必要はありませんが、文字化けが起こる場合には、入力と出力の 2 箇所を「シフト JIS コード（SJIS）」に指定します。最後に、「変換したいファイル名」をクリックして csv ファイルを指定して、「送信」をクリックします。なお、詳しくは同サイトの「？」をクリックして

XI レイヤの自作

図 XI-19 東京大学アドレスマッチングサイト

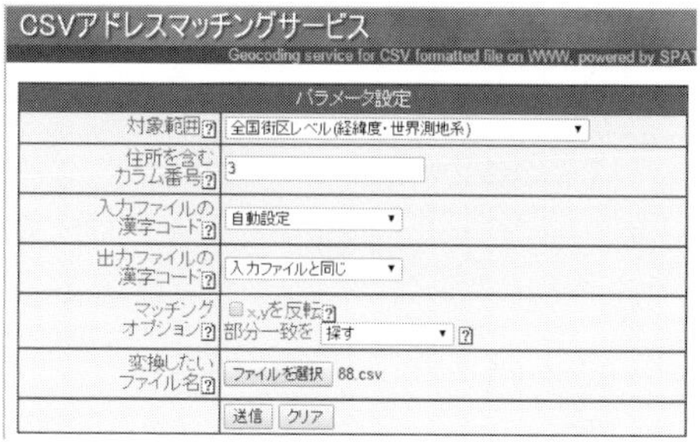

図 XI-20 アドレスマッチングサービス

参照してください。

参考に Windows 以外の OS 環境でパソコンを利用する際には、文字化けを防ぐため、漢字コード、いわゆる文字コードの指定に細心の注意を払う必要があります。

しばらく経つと、指定したファイルと同名のファイルがダウンロードされます。ファイルを開けてみると、図 XI-21 でみるように図 V-5 と比べて、フィールドが増えていることが分かります。fX と fY は順に経度、緯度であることが分かります。このように csv ファイルにすることで、大量の住所データを一括して変換することができます。変換された緯・経度の精度は、都心部においては実用に問題ないレベルの結果になりますが、郊外などは精度の低下がみられます。変換後は、「iConf」と「iLvl」で変換精度を確認します。どちらも 5 以上の値なら利用に支障がないレベルと判断してよいでしょう。「iLvl」が 5 未満の場合、変換精度が低いと考えられますので、個別の場所の緯・経度を再確認することを勧めます。たとえば、図 XI-21 の 4 行目と 8 行目のような場合です。このような結果になった

際には、住所の再確認を行い、再度変換して確認をします。しかし、郊外に位置しているため、変換精度が上がらない場合もあります。その際には、まずデジタルマップに表示し、後から図 XI-11 のマップ編集アイコンから［移動］アイコンをクリックし、該当ポイントを正しい場所に移動させ、修正する必要があります。ここでは一括変換方法の習得が目的であるため、詳しい説明は割愛しますが、マップの編集については改めて解説します。

これで、住所リストから緯・経度を割り出すアドレスマッチングの説明は終わりです。

	A	B	C	D	E	F	G	H
1	name	zip code	address	LocName	fX	fY	iConf	iLvl
2	1. 霊山寺	779-0230	徳島県鳴門	徳島県/鳴	134.5031	34.16032	5	7
3	2. 極楽寺	779-0225	徳島県鳴門	徳島県/鳴	134.493	34.15546	5	5
4	3. 金泉寺	779-0105	徳島県板野	徳島県/板	134.4619	34.15068	5	3
5	4. 大日寺	779-0113	徳島県板野	徳島県/板	134.4312	34.1418	5	5
6	5. 地蔵寺	779-0114	徳島県板野	徳島県/板	134.4327	34.13601	5	5
7	6. 安楽寺	771-1311	徳島県板野	徳島県/板	134.3899	34.12361	5	5
8	7. 十楽寺	771-1509	徳島県阿波	徳島県/阿	134.3782	34.11834	5	0
9	8. 熊谷寺	771-1506	徳島県阿波	徳島県/阿	134.3358	34.11471	5	5
10	9. 法輪寺	771-1506	徳島県阿波	徳島県/阿	134.3358	34.11471	5	5
11	10. 切幡寺	771-1623	徳島県阿波	徳島県/阿	134.3042	34.09502	5	5
12	11. 藤井寺	776-0033	徳島県吉野	徳島県/吉	134.3508	34.06289	5	5
13	12. 焼山寺	771-3421	徳島県名西	徳島県/名	134.311	33.96038	5	5
14	13. 大日寺	779-3132	徳島県徳島	徳島県/徳	134.4628	34.0382	5	7
15	14. 常楽寺	779-3128	徳島県徳島	徳島県/徳	134.4759	34.05136	5	7
16	15. 国分寺	779-3126	徳島県徳島	徳島県/徳	134.4738	34.05558	5	7
17	16. 観音寺	779-3123	徳島県徳島	徳島県/徳	134.4758	34.07008	5	7
18	17. 井戸寺	779-3118	徳島県徳島	徳島県/徳	134.485	34.08473	5	7
19	18. 恩山寺	773-0008	徳島県小松	徳島県/小	134.5761	33.98698	5	7
20	19. 立江寺	773-0017	徳島県小松	徳島県/小	134.6065	33.96817	5	5
21	20. 鶴林寺	771-4303	徳島県勝浦	徳島県/勝	134.5174	33.92955	5	5
22	21. 太龍寺	771-5173	徳島県阿南	徳島県/阿	134.544	33.91228	5	5

図 XI-21 アドレス変換終了

4) テキストレイヤの追加

前節で割り出した緯・経度を基に QGIS に取り込むことができます。このように、csv 形式のファイルから一括してポイントデータを取り込むためには、図 XI-22 を参考に、［レイヤ］、［レイヤの追加］、［デリミッテッドテキストレイヤの追加...］をクリックして取り込むファイルを指定するダイアログウィンドウを表示させます。

つぎに、ダイアログウィンドウに、取り込む csv ファイルを指定すると、「レイヤ名」にはそのファイル名が記入されます。支障がなければそのままで OK をクリックします。

最後に、X フィールドに fX が、また Y フィールドに fY が入っていることを確認します。このようにフィールド名が fX と fY のような場合には自動で設定されますが、フィールド名が異なる場合には、ここでフィールド名を指定します。その後、「OK」をクリックすると、図 XI-23 のように、すでにある四国マップレイヤにポイントレイヤが追加され、表示されます。その際、CRS の指定を促すメッセージが表示される場合がありますが、必要に

XI レイヤの自作

応じて該当レイヤの CRS を指定します。ここでは、EPSG4612 に合わせてあります。これで、ポイントデータを一括してレイヤに取り込むことができました。

参考に、ポイントデータの一括表示は、緯・経度を用いて GIS に読み込みます。マップレイヤの CRS は当たり前のことですが、緯・経度によるものでないと正しく表示されません。EPSG4612 は緯・経度による CRS であるため、ポイントデータを正しい場所に表示することができたのです。たとえば、平面直角による CRS である EPSG2446 などをもとにするマップ上には、ポイント情報が正しく表示されません。複数のレイヤを同時に表示する際に、CRS の統一、また、緯・経度による表示の際には緯・経度に基づく CRS を指定することは、基本的であるにもかかわらず忘れやすい、とても重要なポイントです。

図 XI-22 デリミティッドテキストレイヤの追加

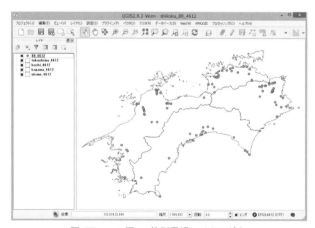

図 XI-23 四国 88 箇所霊場レイヤの追加

69

第4部 応用編：GIS分析を学ぶ

XII 空間分析

　GISで作成したデジタルマップは、①見せる機能のほかにも、②分析する機能があります。後者の分析機能を自由に操ることこそ、GISを使う本当の意味ともいえます。本節では、QGISで表示した地域、つまり空間をとりあげ、分析することを解説します。

　解説は、データの種別（ベクタデータとラスタデータ）に区分したうえ、進めていきます。GISの分析機能を理解するためには、まず、ベクタデータの取り扱いを理解することが必要です。そのうえにラスタデータの特徴を理解し、分析に用いることになります。つまり、ベクタデータの分析をしっかり理解することが大切です。このため、本書では、ベクタデータの分析について詳しく説明します。

1　ベクタデータ

　前で述べた空間分析は、主にベクタデータを基にした演算を行うことが多く、QGISではベクタデータに関連する主な演算機能を、[ベクタ]、[空間演算ツール]の順にクリックすると表示されるリストのように、メニューの一箇所にまとめてあります。図XII-1で確認できます。

　QGISがもつベクタデータを基にする分析機能を十分活用するために、これらの機能の使い方を習得することは欠かせません。QGISによる空間分析のもっとも基礎になる部分といえ、その活用範囲はとても広く、機能の利用方法はもちろん、仕組みもしっかりと理解しておく必要があります。

　本章では、中でも使用頻度が多い機能をとりあげます。

図 XII-1 空間演算メニュー

XII 空間分析

(1) バッファ
1) バッファ

GISで利用できる地図データの種別には、ポイント（点）・ライン（線）・ポリゴン（面）があり、各々の地物から指定された距離をつないでつくる面状の圏域を「バッファ」といい、これを作成することを、「バッファをとる」といいます。

バッファをとると、対象地物から指定された距離離れた場所を結ぶ面状のレイヤが作成されます。

対象となる地物は、GISで利用できる位置情報をもつ図 XII-2 のようなベクタデータです。この地物からバッファをとると、図 XII-3 のようになります。地物の形状によって異なりますが、対象地物の外周線から指定距離の地点を結んでいることが分かります。

対象地物が複雑な形状をしている場合でも、外周線から指定距離の地点を結んだ面になりますので、指定地物からの一定の範囲を計算し抽出するなどの分析の際に、利用できる有効なツールです。

図 XII-2 対象地物

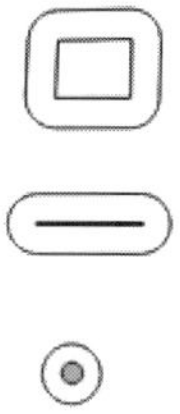

図 XII-3 バッファ

2) 通常のバッファと融合バッファ
特徴

図 XII-3 ではひとつの地物の例をあげ、バッファをとることについて説明しましたが、対象地物はひとつでも、複数でもかまいません。同一レイヤ上であれば、対象地物の数に関係なく、一度にすべての地物から指定された距離離れた面状のレイヤを作成することができ、作業効率が格段にあがります。

第4部 応用編:GIS分析を学ぶ

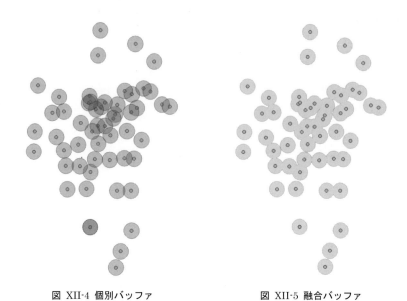

図 XII-4 個別バッファ　　　　　図 XII-5 融合バッファ

　実際に GIS を利用する際には対象が複数、しかも非常に多くなる場合がほとんどでしょう。複数の地物を対象にバッファをとると、図 XII-4 のようになります。

　対象地物の間の距離が指定された距離より遠く離れている場合は、とくに問題になりません。しかし、対象地物の間の距離が指定された距離より近い場合、バッファの円周が重なってしまいます。重なる部分はバッファをとったそれぞれの地物からカウントされることになります。つまり、2回以上複数回カウントされることになります。これに対して、バッファをとった結果が重なる場合は、外周を結んで図 XII-5 のように示すこともできます。つまり、重なる場合は 1 回のみカウントし、もっとも離れている外側を採択します。これを融合バッファといいます。使用目的に合わせて、両者を使い分ける必要があります。

作成

　バッファをとるためには、[ベクタ]、[空間演算ツール]、[バッファ...]をクリックして、図 XII-6 のようにバッファのダイアログウィンドウを表示させます。あとはダイアログウィンドウ内の項目を選択、指定していきます。

　まず、「入力ベクタレイヤ」(図 XII-6) に対象事物が入っているレイヤを指定します。次

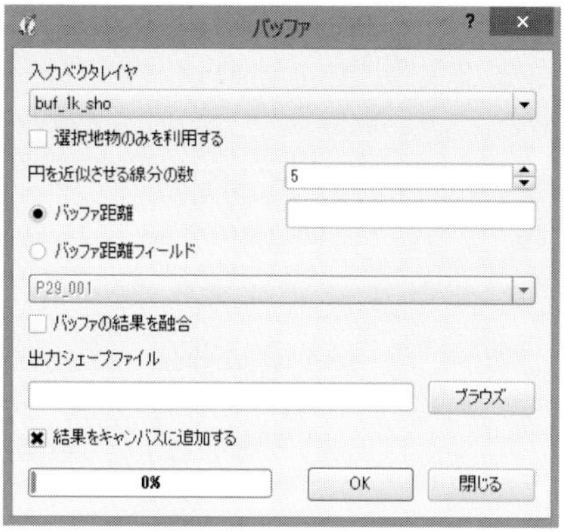

XII 空間分析

図 XII-6 バッファの条件設定

に、距離を指定します。QGIS では距離の単位を選択することはできません。入力された数値はメートルとして認識されます。たとえば、1 km の距離を指定したい場合は 1,000 と指定します。つづいて、「バッファの結果を融合」にチェックを入れると融合バッファに、入れないまま進めていくと通常のバッファが生成されます。

最後に生成されるバッファファイルと保存する場所を指定して「OK」をクリックします。

その結果は、前に述べた通り、通常バッファと融合バッファで異なりますが、順に図 XII-4、図 XII-5 のような結果になります。

なお、「円を近似させる線分の数」は規定値が 5 ですが、生成されたバッファの曲線がなめらかでない場合、この値をあげることでなめらかな曲線になります。生成されるバッファ曲線を確認して調整してください。また、本書では全ての地物からのバッファ距離が一定値の事例を紹介しましたが、事前に対象地物別に適用するバッファ距離を個別にしていたフィールドを作成しておけば、地物ごとに異なる距離のバッファをとることができます。その際は、「バッファ距離」の代わりに「バッファ距離フィールド」にチェックを入れ、フィールドを指定します。その他は変わりません。

注意点
・CRS を平面直角座標系に

上記の「作成」では、1 km の距離を指定しましたが、このように私たちが直感的に分かり

やすいメートル法による距離を利用するためには、マップの形式が平面直角座標系によるものになっている必要があります。QGISではバッファ距離である数値を指定することはできますが、その値の単位、つまり「度」か、「メートル」かを指定することはできません。理由は、レイヤにおける単位は指定されたレイヤのCRSに依存するからです。

たとえば、1 kmを指定するつもりで1,000と入力すると、緯・経度のCRSが指定されたままの場合、まったく異なる結果になってしまいます。

地球の形状はまるく、360度です。ですので、1,000度とは、地球をほぼ3周する範囲になります。つまり、バッファの範囲を地球約3周に指定したことになります。このため、画面いっぱいに色がつく意味不明の結果となります。GISには地球上の場所を表示する道具ですので、360度までしか表示できず、それを超えると目視では全てを指定したのと同じ結果になってしまうのです。

バッファを含む距離を用いる分析を行う場合、直感的といえるメートル法が使えるように、前もってマップのCRSを緯・経度から平面直角座標系に変換したマップを利用する必要があります。

以上のようにGISで空間分析を行う際、CRSを正しく指定することに細心の注意を払う必要があります。

・バッファ距離の単位はメートル

QGISでメートル法を使うためには、CRS変換のほか、もうひとつの注意点として、指定する距離の単位があります。QGISでは指定される距離（数字）はすべてメートルとして認識されます。たとえば、1 kmなら1,000に、50 cmなら0.5のようにメートルに変換して指定しなければなりません。

(2) クリップ

   1) 概要

前で述べましたが、バッファは指定された距離をもつ面状の圏域を意味します。それに対して、本節で解説するクリップは、そのバッファや、すでに作成されたポリゴンを用いて、対象となる「入力ベクタレイヤ」から、クリップをとりたいバッファなどのポリゴンのスタイルで切り取ることをいいます。

つまり、クリップとは、「クッキーをつくるために、生地をひろげ、その上に型（枠：こ

XII 空間分析

れがバッファに当たる）を載せ、押し込んで切り取ること」をイメージすると分かりやすいでしょう。このことから、バッファをとることとクリップをとることを一緒に組み合わせて使うことが多いです。対象となる地物から一定の距離のバッファを作成して、その範囲内の各種データを切り出すなどのことがもっとも一般的な使い方です。

2) 作成

クリップをとるためには、［ベクタ］、［空間演算ツール］、［クリップ...］をクリックして、図 XII-7 のようにクリップのダイアログウィンドウを表示させます。

まず、「入力ベクタレイヤ」（図 XII-7）に対象事物が入っている、いわゆる生地に当たるレイヤを指定します。つづいて、クリップをとるレイヤ、いわゆる型（枠）に値するレイヤを指定します。最後に、切り取った地物を新しいシェープファイルとして保存するために、出力するシェープファイルの名前と保存するフォルダを入力して「OK」をクリックすると、しばらくしてマップウィンドウにクリップしたレイヤが追加されます。

たとえば、香川県内の全ての学校のうち、高松市内にある学校を抽出すると図 XII-8 の左側、四国遍路の徒歩ルートのうち、高松市内のルートを抽出すると中央、高松市内の学校から半径 2 km までの空間を抽出すると、図 XII-8 の右側、のようになります。この例を、入力レイヤのスタイル別にクリップをとっていくながれをまとめると、図 XII-8 のようになります。

図 XII-7 クリップの条件設定

第4部 応用編：GIS分析を学ぶ

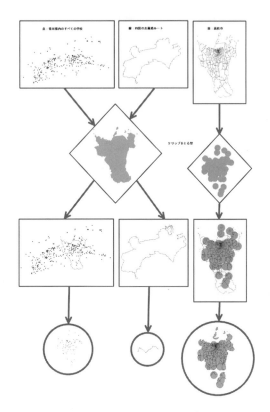

図 XII-8 データ種別のクリップ結果

3) 注意点
・レイヤの順番

　クッキーをつくる際の型抜きを考えてみると、下に生地を広げ、その上に型を載せてから、押し込みます。クリップをとる際も、クッキーの型抜きと同じです。生地に当たる入力レイヤと型に当たるバッファレイヤを正しく設定する必要があります。設定が逆になると異なる結果になってしまいますので、注意が必要です。考えてみるととても簡単なことですが、クリップをとる際、間違いやすくとても重要なポイントです。クリップの結果がおかしい場合には、まず、レイヤの順をじっくり考えてみることが重要です。

XII　空間分析

・レイヤスタイル

　クリップをとる対象になる入力レイヤはポイント（点）・ライン（線）・ポリゴン（面）が指定できます。しかし、クリップをとる型になるバッファレイヤは、必ずポリゴン（面）形式でないといけません。

4)　その他

　バッファとクリップは、ベクタデータを用いる分析においてもっとも多く使われる手法で、応用範囲はかなり広いといえます。QGIS には、他の GIS ソフトではバッファをとってクリップをとることを何度も繰り返して得ることができる結果を、簡単に得られる機能がたくさんあり、図 XII-1 で確認できます。本節では、その中からいくつかをとりあげ、解説していきます。

・差分

　クッキーをつくる際、クッキーの形は型の内側を切り取るもので、クリップといいます。それに対して、逆に型の内側を切り捨て、残った型の外側を切り取ることを差分といいます。

　本節で高松市内のクリップをとった図形と、図 XII-9 の差分の図形を重ね合わせると、両者はクリップに使われた型の内側と外側になるため、当り前のことですが、高松市のマップになります。

・統合

　クッキーの型抜きをする際、型抜きではなく生地と型をくっつけてしまうことをイメージすればいいでしょう。この作業を行うと、対象となる２つのファイルは統合され、ひとつのシェープファイルになります。

　ファイルを統合するためには、［ベクタ］、［空間演算ツール］、［統合...］をクリックし、図 XII-10 のようにダイアログウィンドウを表示させ、「入力ベクタレイヤ」および「統合レイヤ」を指定した後、出力シェープファイルを指定し、「OK」をクリックします。レイヤウィンドウにレイヤが、またマップウィンドウには統合されたシェープファイルが現れます。

第4部 応用編：GIS分析を学ぶ

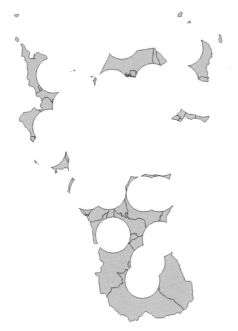

図 XII-9 差分（クリップ）

図 XII-10 統合の設定

2 ラスタデータ

ラスタデータもベクタデータと同じく、政府系機関が提供するデータの一種です。QGISではラスタデータを簡単に利用することができます。国土地理院が提供する数値標高モデルがそのひとつです。しかし、データをダウンロードしても、そのままでは利用することができません。本節では数値標高モデルを利用するために必要なことをとりあげ、解説します。

(1) 数値標高モデル（DEM）

数値標高モデルとは、地形をデジタル化したもので、通常 DEM（Digital Elevation Model）と呼ばれるものですが、数値地形モデルやその英文表記である DTM（Digital Terrain Model）とも呼ばれたりもします。もちろん、厳密には両者は別ものですが、ここでは違いを説明することは割愛します。

DEM は、パソコン上で立体地図を作成したり、立体地図だからできる分析をしたり、立体特徴を活かした分析を行う際、利用する基礎になるとても重要なデータです。

(2) 利用準備（プラグインのインストール）

DEM を利用するためには、基盤地図情報ビューアやその他のソフトを用いることが必要です。これらの方法は、QGIS ではなく、ほかのソフトを用いて、QGIS で利用できるように加工する方法です（基盤地図情報ビューアの表示（38 ページ）や変換（50 ページ）に詳しい）。このほかに、有志によって提供されているプラグインを利用することにより、QGIS 上でも簡単に DEM を利用することもできます。本章では、QGIS の学習のため、単体で DEM が利用できるプラグインによる方法を基に、解説していきます。

プラグインのインストールは前章の QGIS の導入で取り上げていますので、詳しくはそちらをご参照ください。

［プラグインの管理・インストール］で［設定］のダイアログボックスを表示させます。次に、下部の［追加］ボタンをクリックし、「リポジトリの詳細」のダイアログウィンドウを表示させます。つづけて、ウィンドウ内の各項目を、図 XII-11 のように入力し、「OK」をクリックして追加します。

「URL」には「https://dl.dropboxusercontent.com/u/21526091/ qgis-plugins/plugins.xml」の通り入力します。これでプラグインに追加されました。

最後に、「インストールされていない」をクリックして、「fgddemImporter」を選択しイ

第4部 応用編:GIS分析を学ぶ

図 XII-11 DEM 変換用プラグインの追加

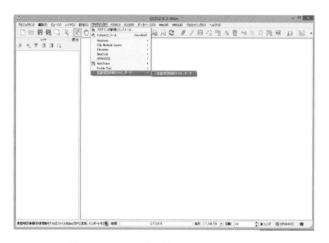

図 XII-12 DEM プラグインのインストール

ンストールをすると、図 XII-12 のように［基盤地図情報 DEM インポータ］が追加されていることが確認できます。これで、QGIS で国土地理院の基盤地図情報からダウンロードした DEM を利用する準備が整いました。

XII 空間分析

(3) DEM 変換

　［プラグイン］から［基盤地図情報 DEM インポータ］をクリックし、「基盤地図情報 DEM インポータ」を起動させ、ダイアログボックスの［追加］をクリックし、PackDLMap.zip ファイルを解凍して作成された FG-GML-5xxx-xx-DEM10x.zip という名前のファイルを全て選択します。出力先のディレクトリを決め、［読み込む］をクリックすると、図 XII-13 のように変換の進み具合が数字で表示され、作業が進んでいくことを確認できます。ファイル数により所要時間は大きく変わりますが、ファイルは GeoTIFF 形式に変換されてからラスタレイヤとして読み込まれ、マップウィンドウに表示されます。また、レイヤウィンドウにはレイヤ名が表示され、その形式が GeoTIFF 形式のラスタデータであることを知らせるアイコンも表示されていることが確認できます（図 XII-14）。

　DEM 変換は Windows OS 環境では正常に機能しますが、その他の OS 環境では機能しない場合があります。その際には、基盤地図情報ビューアなど、ほかのソフトを使って変換してください。本書では Windows OS 環境を前提に解説しているため、その他の OS 環境についての説明は割愛します。

図 XII-13 DEM 変換中

第4部 応用編：GIS分析を学ぶ

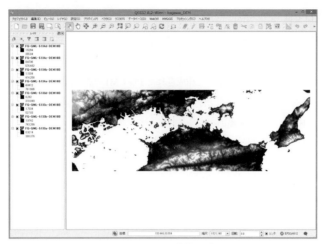

図 XII-14 DEM 変換の結果

(4) バーチャルレイヤの作成

　マップウィンドウのマップは、図 XII-14 のレイヤウィンドウから 8 枚のラスタレイヤで構成されています。レイヤごとに異なる色区分になっているため、レイヤの繋ぎ目が不自然なマップになる場合があります。また、マップが複数枚のレイヤからできているため、作業効率が悪く、1 枚のレイヤにする必要があります。

　図 XII-15 のように、［ラスタ］、［その他］、［バーチャルラスタの構築（カタログ）...］を順にクリックし、「仮想ラスタの構築」ダイアログボックスを表示させ、［入力ファイル］にマップウィンドウに表示されたファイルを全て指定します。つづいて、図 XII-16 を参考に、［出力ファイル］に保存先および保存するファイルの名称を決めて［OK］をクリックします。バーチャルラスタを構築したい tif ファイルは、図 XII-17 のようにすべて選択します。図 XII-18 のように進行状況を知らせるダイアログが表示され、しばらくすると作業が終了したことが確認できます。

　マップウィンドウには、複数のレイヤによるつなぎ目がないきれいなマップが表示されていることが確認できます。これで分割されていた複数のレイヤを、1 枚のレイヤのように取り扱うことになりました。

XII 空間分析

図 XII-15 メニューバー：バーチャルラスタの構築

図 XII-16 バーチャルラスタ構築の設定

第4部　応用編：GIS分析を学ぶ

図 XII-17 tif ファイルの選定

図 XII-18 VRT 進行状況

(5) クリッパー

1)概要

前章で取り上げたバッファやクリップは、ベクタデータの場合、利用できる分析ツールです。それに対して、ラスタデータの場合、バッファとクリップは利用できません。マスク、クリッパーという機能があり、順にバッファとクリップに値します。利用するための注意点などは基本的にバッファとクリップと変わりませんので、本節での詳しい説明は割愛します。

国土地理院からダウンロードして変換した図 XII-14のようなDEMファイルには不要な部分も含まれており見栄えが良くないだけでなく、ファイルのサイズも大きく、作業のスピードが遅くなります。そのため、必要な部分だけを切り取る必要があります。

XII　空間分析

2)作成

　ここでは国土地理院からダウンロードしたDEMファイルを用いて解説していきます。ダウンロードした、つまり切り取る生地に当たるファイルがラスタデータのため、クリッパーを使うことになります。その際、バッファファイルに値するマスクファイルが必要となりますが、両者は名称が異なるだけでポリゴン（面）タイプのベクタデータです。

　実際に、図 XII-14 のようにダウンロードしたファイルは、必要な部分より大きな領域で構成されています。ここでは香川県のDEMをダウンロードしたものですので、不要な部分を切り落とした香川県のみのDEMレイヤを作成します。

　ラスタデータの型抜きをする（クリッパーを利用する）ためには、［ラスタ］、［抽出］、［クリッパ...］を順にクリックして（図 XII-19 を参照）、図 XII-20 のようにダイアログウィンドウを表示させます。つづいて、「入力ベクタレイヤ」に対象事物を、「出力ファイル」に保存するフォルダとファイル名を入れます。つぎに、「クリッピングモード」で「マスクレイヤ」にチェックを入れ、マスクレイヤを選択し「OK」をクリックします。しばらく経つと作業終了を知らせる完了のウィンドウが表示されます。また、マップウィンドウには、図 XII-21 のように香川県以外の部分が切り取られた、香川県だけのDEMが表示されます。これでクリッパーは完了です。

図 XII-19 クリッパー

第4部 応用編：GIS分析を学ぶ

図 XII-20 クリッパーの設定

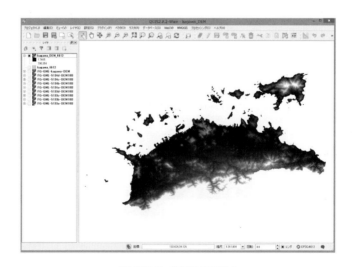

図 XII-21 香川県の DEM

XIII　フィールド操作

マップウィンドウに表示された地図のファイルにはさまざまなデータが含まれています。たとえば、図 XIII-1 は高松市の地図データですが、レイヤウィンドウのレイヤファイル名を右クリックし、「属性テーブルを開く」をクリックすると、図 XIII-1 の左下側のようなデータテーブルが表示され、地図ファイルに内蔵されているデータ（厳密には dbf ファイルの内容）を見ることができます。また、このファイルには 261 件のデータであることがウィンドウの上段に表示されています。

QGIS では、このように地図ファイルに内蔵されているデータのうち、指定した条件に合致するデータを検索したり、フィールドとフィールドをかけ合わせるような簡単な演算から関数などを用いる複雑で高度な演算までを行ったり、新たなフィールドをつくったり、レイヤファイル内でフィールドに関わるさまざまな操作を行うことができます。

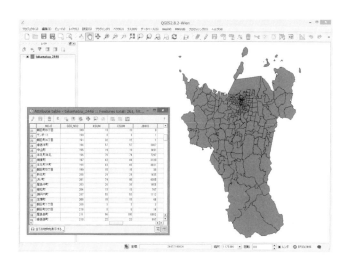

図 XIII-1 属性データ

1 フィールド検索

GIS を使っていくと、ダウンロードしたデータをはじめとする外部から手に入れたデータが、自分の都合にぴったり一致する場合は稀で、都合に合うデータに加工するのに一苦労する場合がけっこうあります。データを加工するために欠かせない作業や、条件に合う

第4部 応用編:GIS分析を学ぶ

データを抽出することができます。いわゆる、「検索」機能です。

本章では、国土数値情報ダウンロードセンターからダウンロードした香川県の学校データを基に、高松市域の学校のみを検索し、抽出することを例に解説していきます。

(1) データの表示と抽出

国土数値情報ダウンロードから香川県の学校を取得して表示すると、図 XIII-2 のようになります。その中で高松市域の中に表示されている学校を検索し、抽出します。

高松市域内の学校を抽出する方法に、まず、すでに説明したバッファとクリップによる方法を用いることで高松市域内の学校を切り取ることができます。

もうひとつの方法が、ここで解説するデータに含まれている属性ファイルを利用し、検索して抽出する方法です。

前者と後者の結果に差はありませんが、後者の方法は前者より簡単で、とくに作業時間が短くなるメリットがあります。

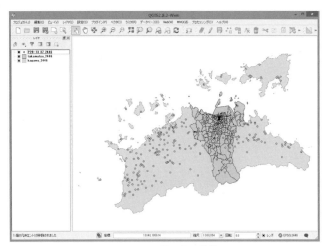

図 XIII-2 香川県の学校

(2) 属性情報の確認

まず、ダウンロードした香川県の学校データの内容(属性情報)を確認しておく必要があります。なぜなら、フィールド名はローマ字と数字からできていて、フィールド名だけ

XIII Field操作

では内容が何を意味するのかさっぱり分からないからです。国土数値情報ダウンロードのサイトでダウンロードするデータを選ぶと、図 XIII-3 のような内容を確認することができます。「地物情報」で取得するデータが学校であることが分かります。「属性情報」には実際の属性名と GIS に表示されたデータの属性名が示されています。

地物情報	地物名	説明	
	学校	学校教育法に基づく全国の小学校,中学校,中等教育学校,高等学校,高等専門学校,短期大学,大学及び特別支援学校	
属性情報	属性名(かっこ内はshp属性名)	説明	属性の型
	位置	学校の位置	点列(GM_Point)
A	行政区域コード(P29_001)	都道府県コードと市区町村コードからなる,学校が存在する行政区を特定するためのコード	コードリスト型「行政コード」
	公共施設大分類(P29_002)	公共施設の用途による大分類	コードリスト型「公共施設大分類コード」
	公共施設小分類(P29_003)	公共施設の用途による小分類	コードリスト型「公共施設小分類コード」
B	学校分類(P29_004)	学校の種類を特定するためのコード	コードリスト型「学校分類コード」
	名称(P29_005)	学校の正式名称	文字列型
	所在地(P29_006)	学校の市区町村名を省いた所在地	文字列型
	管理者コード(P29_007)	学校の管理者を区分するためのコード	コードリスト型「管理者コード」

図 XIII-3 ダウンロードデータの属性情報

行政コード〈ファイル名称:AdministrativeAreaCode〉

平成24年4月1日時点

コード	対応する内容
01100	北海道札幌市
01101	北海道札幌市中央区
01102	北海道札幌市北区
01103	北海道札幌市東区
...	...
37200	香川県市部
37201	香川県高松市
37202	香川県丸亀市
37203	香川県坂出市
37204	香川県善通寺市
37205	香川県観音寺市
37206	香川県さぬき市
37207	香川県東かがわ市
37208	香川県三豊市
37320	香川県小豆郡

図 XIII-4 行政コードの確認

第4部 応用編：GIS分析を学ぶ

行政区域コードは図 XIII-3 の A で分かるように、フィールド名、P29_001 で区分されています。また、学校の区分は図 XIII-3 の B で分かるように、フィールド名、P29_004 で確認できます。行政コードは図 XIII-4 の通りで、北海道から沖縄までのすべての情報が掲載されています。香川県は 37xxx となりますが、図 XIII-4 から高松市は 37201 であることが分かります。学校の区分は図 XIII-5 の通りで、日本国内の学校は 8 種類に区分されていることが分かります。

学校分類コード〈ファイル名称:SchoolClassCd〉

コード	対応する内容
16001	小学校
16002	中学校
16003	中等教育学校
16004	高等学校
16005	高等専門学校
16006	短期大学
16007	大学
16012	特別支援学校

図 XIII-5 学校コードの確認

(3) 条件検索

ダウンロードした香川県の学校レイヤの属性データを開くと図 XIII-6 の通りで、行政コードフィールドの「P29_001」と学校区分フィールドの「P29_004」が含まれていることが分かります。また、データの件数、つまり、香川県内には 334 校の学校があることが、テーブル上部から確認できます。

検索によく使うアイコンメニューは説明をつけた通りですが、頻繁に使用するものは図 XIII-6 からアイコンの形状と位置を確認しておきましょう。1つ目に、条件式を使って該当するデータを検索するためのアイコンメニューです。2つ目に、検索された（選択された）結果を確認した後、検索条件をクリアするためのアイコンメニュー、検索された（選択された）データをテーブルの先頭に移動させるアイコンメニューがあります。

つづいて、実際に検索する方法を説明していきます。

条件検索をするため、アイコンメニューをクリックすると、図 XIII-7 のように式の入力をするダイアログボックスが表示されます。

XIII Field操作

図 XIII-6 属性データの検索

　式は中央のウィンドウにある演算子や各種関数、フィールドと値から選択して表示させます。「フィールドと値」をダブルクリックすると、現在選択したレイヤのフィールド名が表示されます。その後、P29_001 をダブルクリックして選択します。つぎに式表示ウィンドウ上部にある演算子アイコンから「=」をクリックして入力します。つづいて、右下の「全てのユニーク値」をクリックし、フィールド内のデータを表示させます。次に、高松市の行政コードである「37201」を選択します。左側のウィンドウには図 XIII-7 を参考に式を入力されます。式を直接記述することもできますが、その際に、フィールド名は「""」で、フィールドの値は「''」で囲み、演算子は囲まないように注意する必要があります。エラー防止になりますので、できるだけ、式はフィールドを表示させてから選択する方法をとった方が望ましいです。式の入力が終わったら、「選択」をクリックすることで、検索は終了です。

　検索の結果は、属性テーブルから、選択されたデータが青く反転されていることを確認

91

できます。また、テーブル上部には図 XIII-8 のように選択されたデータの件数が表示されます。今回の事例では、高松市域内の学校は 107 校あることが確認できました。また、図 XIII-9 のように、選択された地物は「黄色」に変わり、マップ上でも簡単に確認することができます。

　最後にフィールドの値指定時の注意すべきことを詳しく説明します。既述のようにフィールドの値を「''」で囲むのは、データの種類が文字データの場合であり、数字、いわゆる演算が可能な場合は囲みません。となると、今回の例の「37201」は数字なのになぜ「''」で囲むのかという疑問が出てきます。表計算ソフトなどのセルに表示されるデータは普通、文字の場合は左詰めで、数字の場合は右詰めになります。図 XIII-6 で分かるように、P29_001 から P29_006 までのフィールドが左詰めになっています。つまり、このテーブルのデータは全て、数字に見えても演算ができない文字データであるということになります。

図 XIII-7 検索式の入力

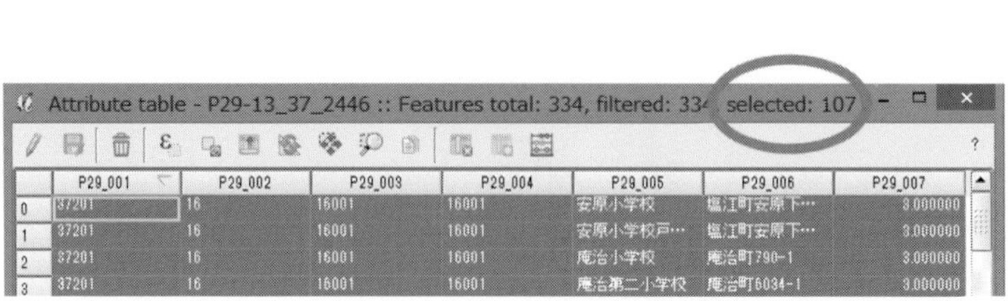

図 XIII-8 検索結果（選択地物）

XIII Field操作

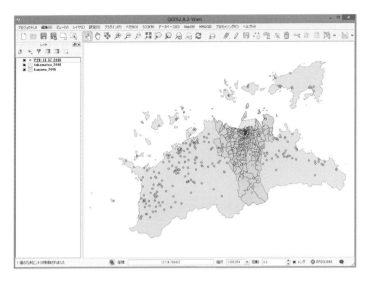

図 XIII-9 高松市内の学校

(4) 複雑検索

　前節では検索のための式がひとつの例でしたが、その他にもっと複雑な式を使った検索もできます。本節では、香川県のすべての学校のうち、高松市の小学校を一度に抽出し、表示することを例に解説していきます。

　検索条件は「高松市」と「小学校」で、前節で説明したやり方を用いると、検索を2回繰り返す必要がありますが、ここでは、1回で検索できるように検索式を作成する方法を解説します。

　まずは、レイヤの属性テーブルを表示させ、式を入力するためのアイコンメニューをクリックして検索式入力ダイアログボックスを表示させます。ダイアログボックスの書き方は前に述べた通りですが、図 XIII-10 の式表示ウィンドウのようにさまざまな関数を用いることができます。今回は中央のウィンドウの「条件」の中にある「AND」関数を用いて2つの式を同時に指定しています。ここでは、前者は香川県高松市域内であることで、後者は小学校であることを指定する式になり、2つのフィールドにおいてそれぞれの条件で同時に検索を行います。

　検索の結果は図 XIII-11 の上部に示された通りで、高松市域内の小学校は54校で、市内

第4部 応用編：GIS分析を学ぶ

図 XIII-10 複数の検索式の入力

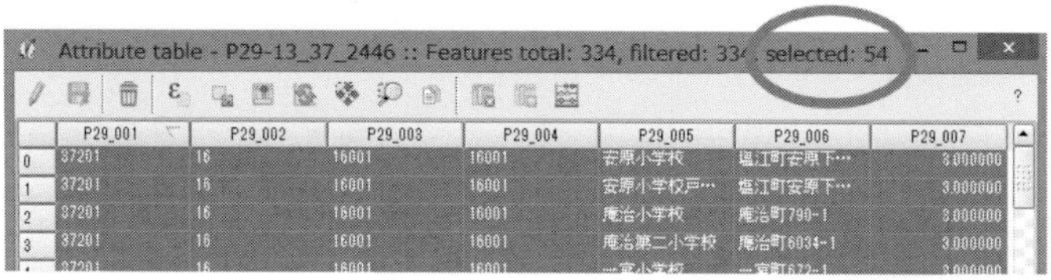

図 XIII-11 選択地物数

の小学校はマップウィンドウ上には黄色に反転されていることが図 XIII-9 の通り確認できます。

検索に用いることができる式には、ここで紹介した簡単な式からかなり複雑なレベルの式までのものを用いることができます。読者のレベルや必要な条件に合わせて、検索してください。また、独自の数式、関数を作成して利用することもできます。

2 フィールド演算

フィールド演算は、フィールド操作の内容においてもっとも重要な機能といえます。

フィールド属性の確認は、該当レイヤのプロパティ（レイヤ名を右クリックすると表示

XIII Field操作

図 XIII-12 フィールドのプロパティ

される）を開け、左側の「フィールド」をクリックします。図 XIII-12 のようなダイアログボックスが表示されます。右側にフィールド名をはじめとするデータの種別や長さなど、フィールドの詳細内容が確認できます。

レイヤウィンドウにある takamatsu_2446 のレイヤのフィールドには町丁字別の名称、面積や人口が含まれており、フィールド名は順に、MOJI、AREA、JINKO となっています。本節ではこの takamatsu_2446 のレイヤを用いて、解説を進めていきます。

(1) フィールドの追加

本節では、町丁字別に人口密度を求め、新しいフィールドとして「人口密度」フィールドのデータを追加するフィールド演算を例に解説します。

人口と面積が分かれば、人口密度を求めることができます。

まずは、該当の takamatsu_2446 レイヤのプロパティからフィールドを選択し、図 XIII-12 のようにフィールドを表示させます。0 から始まり 43 までの 44 個のフィールドがあることが分かります。新しく 1 ㎡当りの人口の「人口密度」を 45 番目のフィールドとして追加します。

次に、フィールドリストの上部には図 XIII-13 のようなアイコンがあります。その中から、「編集モード切り替え」のアイコン（鉛筆マーク）をクリックし、フィールドの編集モードに切り替えます。

つづいて、右隣りのアイコン「フィールド計算機（そろばんマーク）」をクリックし、フ

95

第4部 応用編:GIS分析を学ぶ

図 XIII-13 演算用アイコンメニュー

図 XIII-14 フィールド演算機

ィールド計算を開始します。フィールド計算機のアイコンをクリックすると、図 XIII-14 のようなダイアログボックス、「フィールド演算機」が表示され、フィールド演算ができるモードに切り替わり、入力待機の状態になります。

左上部の「新しいフィールドを作る」にチェックを入れ、フィールド関連設定を行いますが、図 XIII-14 を確認しながら進めてください。

まず、下部の出力フィールド名を決めます。今回は人口密度になるのでそのように入力します。つぎに、タイプを決めますが、人口密度には小数点付き数字を使うので、プールダウンリストをクリックし、「小数点付き数字（real）」を選びます。つづいて、使用する最大データの長さを決める必要があります。ここでは 10 とします。また、小数点以下の桁数を精度のところに設定します。0 にすると小数点以下は使えませんが、たとえば、5 に設定した場合、1 と入力しても小数点以下の 5 桁が表示され、1.00000 のように表示されるようになります。とりあえず、ここでは 5 にします。

XIII Field操作

(2) フィールド形式の設定

前節のように、フィールドの追加と同時にフィールド演算をする場合もありますが、演算はしないけれどもフィールドだけを追加する場合の説明になります。もちろん、一度追加したフィールドの形式をあとから変更することもできますが、その際にも本節の説明が適用されます。

まず、新しくフィールドを作成しますので、「新しいフィールドを作る」にチェックを入れます。既存のフィールドのデータのタイプなどを変更する場合には、「既存のフィールドを更新する」にチェックを入れます。つづけて、「出力フィールド名」に新しいフィールド名を入力します。ここでは「人口密度」と入れます。「出力フィールドタイプ」には、小数点を使う可能性が高いので、「小数点付き数値」を選択します。「出力フィールド幅」は10桁とし、小数点以下を5桁にします。これでフィールド形式の設定は終わりです。

このようにして、フィールド追加と同時に演算式を入力する場合とフィールドのみ追加の場合をとりあげました。入力画面は順に、図 XIII-14、図 XIII-15 で紹介した通りです。

図 XIII-15 フィールドの形式

(3) フィールド演算の設定

ここでは「人口密度」フィールドの値を決定します。つづいて、図 XIII-14 の「関数」で作業を行い、「式」で結果を確認します。今回は属性データに入っているデータを用いるので、必要なフィールドを指定していきます。人口密度は、人口／面積で求めることができますので、順にそのフィールドを選択していきます。

ダイアログボックスの中の「関数」のところに「フィールドと値」があります。その中には選択したレイヤ内のすべてのフィールドが表示されます。確認しながら図 XIII-14 の「式」ウィンドウの内容のように選択し、数式を「"JINKO" / "AREA"」と作成します。式

の作成が完了し数式に問題がなければ、「式」ウィンドウの左下部の「出力プレビュー」のように、「0.000118....」と結果が表示されます。確認後、「OK」をクリックしてフィールド演算の作業は終了です。式などに間違いがある場合は「エラー」と表示され、結果の表示はありません。

図 XIII-16 のように地図のラインが赤くなっていますが、これは現在編集モードであることを示すものです。レイヤウィンドウのレイヤ名の前に鉛筆アイコンがついていることからも編集モードであることが分かります。最後に鉛筆アイコンをクリックして、編集モードを終了させます。これで、赤線が最初の黒線に戻ります。

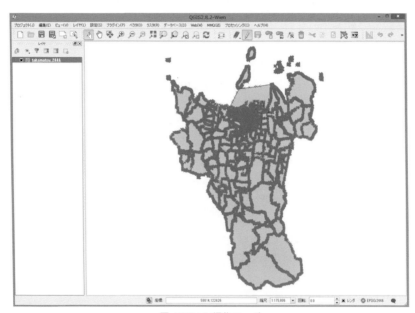

図 XIII-16 編集モード

3 フィールドの表現

ここでは、前節で追加した「人口密度」フィールドのデータを用いて、高松市の情報を表現することを例に解説します。

XIII　Field操作

(1)　階級区分

　図 XIII-1 に表示された高松市のマップは町丁字別の区分線により区分されていますが、全てが同じ色になっています。つまり、町丁字別のデータによる区分を行っていません。ここでは、前節で追加した「人口密度」フィールドを用い、5 段階に区分して高松市の人口と地域に関する情報を分かりやすく表現していきます。

　レイヤウィンドウから該当レイヤを選択し、プロパティ（レイヤ名を右クリックすると表示される）を表示させます。

　まず、「スタイル」をクリックすると、表示スタイル設定のためのダイアログウィンドウが表示されます。図 XIII-17 のように、プールダウンリストをクリックし、「段階に分けられた」を選択します。

　つづいて、「カラム」のプールダウンリストから前節で新たに作成、追加した「人口密度」を選択し、「色階調」をオレンジ色の「OrRd」を選択します。また、「モード」は必要に応じて変えることができますが、ここでは「分位（等量）」を選び、「分類」をクリックします。分類数に合わせたシンボルと値、凡例が変更し表示されることを確認し、「OK」をクリックして終了です。

　マップウィンドウには、図 XIII-18 のように高松市域が 5 段階の色階調に区分されていることが確認できます。5 段階の色階調は属性テーブルの新たに作成した「人口密度」フィールドのデータに基づいたものです。このように、フィールドにすでに含まれているフィールドのデータや新たに追加するフィールドを利用して、レイヤがもつデータを視覚的に分かりやすく表現することができます。

　参考に、段階分類された区分は、数字データ（演算可能なデータ）のみ使用可能です。数字に見えるけれど演算が不可能な文字データの場合は、「段階に分けられた」を選択することができません。段階別に区分するためには、まず、文字データを数字データに修正する必要があります。その方法は、フィールド属性を修正する必要がありますが、少し高レベルのパソコン知識が必要であるため、ここでの説明は割愛します。改めて、変換方法について解説します。

第4部 応用編：GIS分析を学ぶ

図 XIII-17 レイヤスタイルの設定

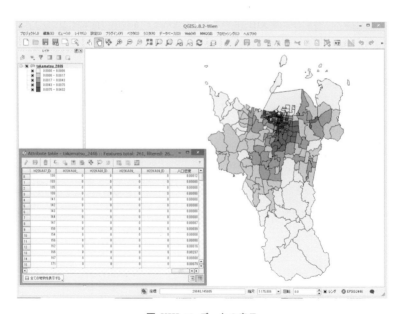

図 XIII-18 データの表示

(2) グラフ（ヒストグラム）表示

前節では「人口密度」を基に、高松市を町丁字別に 5 段階に塗りつぶして表現したのに対して、本節では、前節と同じ「人口密度」を基に、棒グラフで表現する方法を解説します。

まず、レイヤウィンドウから該当レイヤを選択し、「プロパティ」、「ダイアグラム」の順にクリックすると、図 XIII-19 のようにダイアグラム設定のためのダイアログウィンドウが表示されます。

「ダイアグラムタイプ」は図 XIII-19 のように、ドロップダウンリストの円グラフ・文字表示・棒グラフから選択できるようになっています。ここでは棒グラフアイコンのヒストグラムを選択します。下部の「属性」の中の「利用可能な属性」に表示されているレイヤ内のフィールド名リストから、前節で追加した「人口密度」を選択して「＋」ボタンをクリックすると、右側のウィンドウ「属性割り当て」に追加されます。確認して「OK」をクリックします。これで設定は終了です。

図 XIII-20 のように、人口密度が棒グラフとして表示されました。街の中は、人口密度が高く、棒の高さが高くなります。それに対して郊外は、人口密度が低く、棒の高さが低くなっていることが分かります。このように属性データを必要に応じてグラフで表示することができます。また、「利用可能な属性」から複数の属性ファイルを選択することで複数のデータを同時にグラフで表示することができます。各種データを用いて試してみてください。たとえば、男女別人口や、人口と世帯数を同時に表示することも簡単にできます。

また、前節で解説したフィールドの階級区分別塗りつぶしと、本節で取り上げたデータの棒グラフを使い同時に表現することもでき、一度に複数属性間の関係を説明することができるようになります。

図 XIII-21 は人口密度を基に 4 階級区分し、塗りつぶした地図に、世帯数を表す棒グラフを加えたものです。図 XIII-19 の「プロパティダイアグラム」の中の「外見」と「大きさ」の各項を適切に調整しながら、試してみてください。形状や色などを変え、見栄えを整えることができます。

第4部　応用編：GIS分析を学ぶ

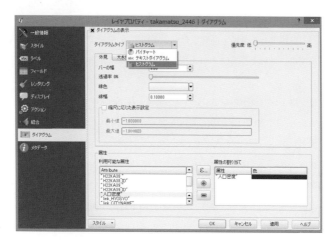

図 XIII-19　ダイアグラムの設定

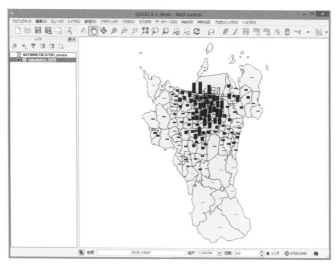

図 XIII-20　データの表示：棒グラフ

XIII　Field操作

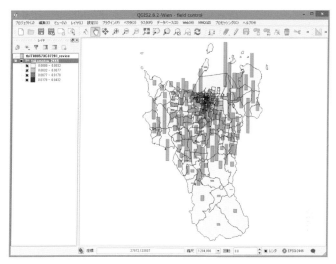

図 XIII-21 データの表示：階級区分と棒グラフ

4　ラベル表示

前節で表示した高松市の人口別階級区分をもとに塗りつぶすマップですが、町丁字別の名称を表示した方が、高松市の場所に詳しくない人にもやさしく、ひと目で地名が分かるようになります。本節では、属性データに含まれている町丁字名を表示する方法を解説します。QGISではこのことをラベル表示といいます。

レイヤウィンドウから該当レイヤを選択し、「プロパティ」、「ラベル」の順にクリックすると、図 XIII-22 のようにダイアグラム設定のためのダイアログウィンドウが表示されます。

ラベルの表示と非表示は、「ラベル」のチェックボックスにチェックを入れるか否かで決まります。デフォルトではチェックが入っていません。つまり、デフォルトは非表示です。

表示するためには「ラベル」のチェックボックスにチェックを入れ、ドロップダウンリストから表示したいデータが入っているフィールド名を選び、指定します。ここでは地名を表示するので「MOJI」フィールドを選んで「OK」をクリックします。これで設定は終了です。

図 XIII-23 のように地図に名称が表示されます。他の属性データのデータ表示と組み合わせて利用することができます。たとえば、図 XIII-23 は人口密度と地名を組み合わせて

103

第4部 応用編：GIS分析を学ぶ

表示したものです。なお、「テキストスタイル」からフォントの種類や文字のサイズ、文字色、表示位置、透過性など、詳細な表示オプションを設定することができます。本書では詳しい説明は割愛しますが、見栄えの良いマップがつくれるように、「テキストスタイル」内のいろいろな設定をお試しください。

図 XIII-22 ラベルの設定

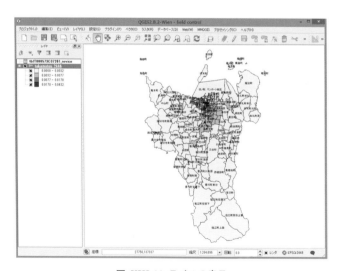

図 XIII-23 ラベルの表示

XIV　ファイルのリンク

　大量のデータを利用する際、自分のファイルには入ってないけれども、別のファイルにあるデータを利用したい場合がよくあります。たとえば、作成したマップデータのうえに、年齢別人口など、統計局からダウンロードしたデータや、他人が作成したデータなどを加えて分析したい場合です。そのような場合、自分のファイルと別のファイルをつなぐことで、別のファイルのデータをまるで自分のファイルの中にあるデータのように利用できるようになります。このようにファイルとファイルをつないで利用する機能を、データベースの中でもリレーショナルデータベースといい、欠かせない機能です。

　QGIS には、ファイル同士をつないで自分のファイルのように利用することができる便利な、いわゆるリレーショナルデータベースの機能があります。QGIS ではファイルとファイルをつなぐ機能を結合といいます。

1　結合

　結合するためには、リンクの基になるファイルと、それにリンクさせるファイルの両側に、同じ内容のデータが入っているフィールドが必要です。QGIS は、両ファイルのリンクフィールド内のデータ同士をつなぎ合わせてくれます。

　結合の際、リンクフィールドのデータ内容が同じ内容じゃないといけませんが、両側のフィールド名は一致しなくてもかまいません。

　ここでは、高松市のマップファイルと統計局の e-Stat からダウンロードした高松市の人口統計データを結合し、高松市の町丁字別 65〜69 歳の人口を 5 階級に分けて表示することを例に、解説していきます。

(1)　結合の手順

1)　フィールドの確認

　ダウンロードしたファイルのフィールド名は、ローマ字と数字で構成された 10 文字になっています。10 文字を超える分は削除されます。そのため、フィールド名だけでは、フィールドの内容がまったく分かりません。

　e-Stat からデータをダウンロードする際、図 XIV-1 のような定義書も一緒にダウンロードする必要があります。あとは定義書を参考に、フィールド名と実際の内容を照らし合わせながら、確認する作業が必要です。

第4部 応用編:GIS分析を学ぶ

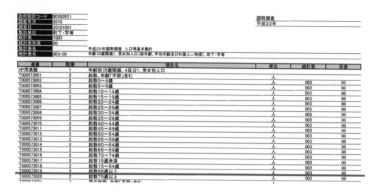

図 XIV-1 フィールド定義書

　ここでは、図 XIV-1 のアンダーラインを引いてあるフィールド名、T000573019 が 65 歳以上の人口総数(単位:人)であることを確認しておきます。

2) テーブルの追加

　図 XIV-2 のように、高松市のマップが表示された QGIS のマップウィンドウ上にテーブルをドラッグ&ドロップして追加します。レイヤウィンドウにテーブルが追加されても、マップウィンドウに変化がみられませんが、それで正しいのです。この段階では、テーブルが追加されるだけで、マップウィンドウに表示されません。理由は、テーブルデータに緯・経度の情報がないため、結果的に地図上に表示することができません。

　テーブルの追加はドラッグ&ドロップするだけで簡単ですが、注意が必要です。理由は、QGIS が認識できるテーブル形式のファイルに制限があるからです。QGIS が認識するテーブル形式のデータは、txt、csv、および dbf の 3 つの形式のファイルのみです(形式についての詳しい説明は、17 ページをご参照ください)。

　QGIS は残念ながらテーブル形式のファイルとして使い慣れたエクセル形式のファイルなどを認識しませんので、注意が必要です。

　このため、テーブル形式のファイルを QGIS に認識させるためには、csv 形式に変換する必要があります。変換方法は簡単でエクセルの場合、ファイルを保存する際、ファイル形式に csv 形式を選択して保存するだけです。ここではエクセルファイルなどを csv 形式に変換する方法について詳しく説明しませんが、ファイル形式の変換は QGIS を利用するに当

XIV ファイルのリンク

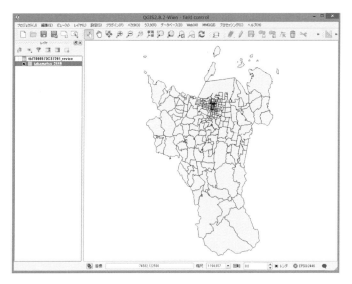

図 XIV-2 結合：テーブルの追加

たって重要なポイントのひとつですので、ぜひお試しください。

3) フィールドの確認

　テーブルをレイヤウィンドウに追加した後、高松市のマップファイルと追加したテーブル、両方の属性ファイルを開いて、両側に共通のフィールドの内容を QGIS 上で確認します。図 XIV-3 のように、左側の高松市のマップファイルと右側の追加したテーブルの両側に「KEY_CODE」という共通のフィールドがあることと、その内容が同じ形式であることが分かります。今回はダウンロードしたものをそのまま使っているので、両方のフィールド名が同じですが、前述したようにフィールド名は異なってもかまいません。

　「KEY_CODE」は行政コードで、郵便番号のように地域を特定するためのものです。もちろん日本全国の地域で重なるところはありません。ここでは、町丁字名を使って結合をしてもとくに問題ありません。しかし、町丁字名は重なる場合もありますので、絶対重なることがない「KEY_CODE」を用いることにします。

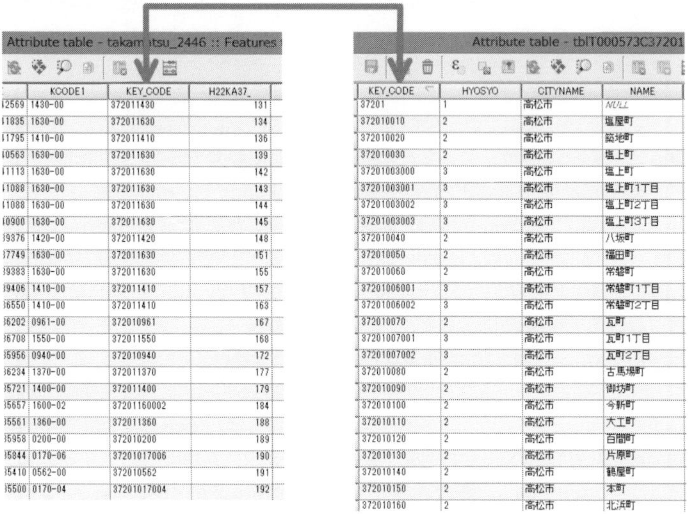

第4部 応用編：GIS分析を学ぶ

図 XIV-3 フィールドのリンク

4) 結合の設定

　以上のように両側のファイルでフィールドの確認がとれました。つづいて、結合のための設定を行います。

　まず、結合元である高松市のマップレイヤのプロパティのダイアログウィンドウを表示させ、「結合」をクリックし、図 XIV-4 のように「ベクタ結合の追加」ダイアログボックスを表示させます。つづいて、「結合するレイヤ」に追加したテーブルをドロップダウンリストから選び、テーブル側のフィールドである「結合フィールド」と高松市のマップファイル側のフィールドである「ターゲットフィールド」の両方に、前節で確認した「KEY_CODE」を指定します。これで結合の設定は終了です。

　結合されたフィールドの名称には、レイヤ名が接頭辞としてつきます。しかし、レイヤ名の長さには半角 10 文字までの制限があるため、レイヤ名が長いと、後半のファイル名が削除されて元々のフィールド名の確認ができなくなります。そのため、ここでは「フィールド名の接頭辞」にチェックを入れ、「link_」と入れます。その後、「OK」をクリックすると、図 XIV-5のように結合できたことが図 XIV-4 のウィンドウに、図 XIV-5 のように結合するレイヤ名・両側のフィールド名・内容が入っている場所についての情報が表示され

XIV　ファイルのリンク

ます。つづいて、高松市のマップレイヤのプロパティダイアログボックスの設定も「OK」をクリックし、終了します。

　これで結合は完了です。しかし、設定が終了しても、レイヤウィンドウにも、マップウィンドウにも変化は見られません。リンクされたことを確認するため、高松市マップレイヤの属性ファイルを開き、右側のフィールドにスライドさせます。高松市のマップには前節で人口密度のフィールドを追加したので、最後のフィールド名は「人口密度」になります。それより右側のフィールドは結合されたフィールドになります。またフィールド名は結合したフィールド名の接頭辞「link_」から始まります。このことは図 XIV-6 のアンダーライン部分から確認できます。

図 XIV-4 結合の設定

図 XIV-5 結合フィールドの確認

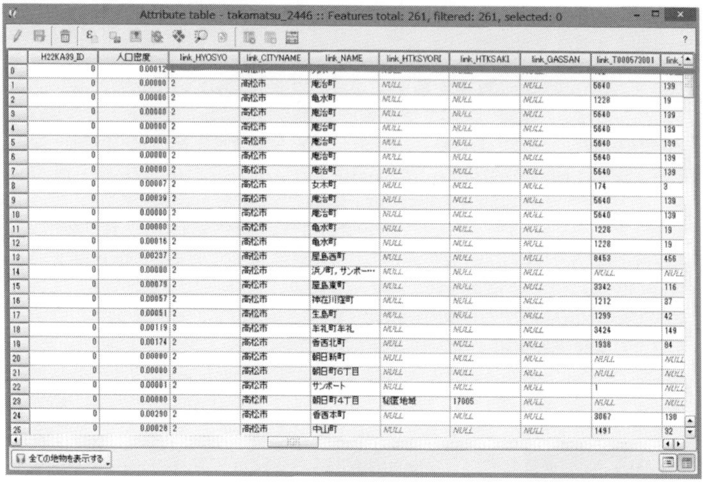

	H22KA39_ID	人口密度	link_HYOSYO	link_CITYNAME	link_NAME	link_HTKSYORI	link_HTKSAKI	link_GASSAN	link_T000573001	link_
0	0	0.00012	[illegible]	[illegible]	[illegible]	[illegible]	[illegible]	[illegible]	[illegible]	[illegible]
1	0	0.00000	2	高松市	庵治町	NULL	NULL	NULL	5640	139
2	0	0.00000	2	高松市	亀水町	NULL	NULL	NULL	1228	19
3	0	0.00000	2	高松市	庵治町	NULL	NULL	NULL	5640	139
4	0	0.00000	2	高松市	庵治町	NULL	NULL	NULL	5640	139
5	0	0.00000	2	高松市	庵治町	NULL	NULL	NULL	5640	139
6	0	0.00000	2	高松市	庵治町	NULL	NULL	NULL	5640	139
7	0	0.00000	2	高松市	庵治町	NULL	NULL	NULL	5640	139
8	0	0.00007	2	高松市	女木町	NULL	NULL	NULL	174	3
9	0	0.00039	2	高松市	庵治町	NULL	NULL	NULL	5640	139
10	0	0.00000	2	高松市	庵治町	NULL	NULL	NULL	5640	139
11	0	0.00000	2	高松市	亀水町	NULL	NULL	NULL	1228	19
12	0	0.00016	2	高松市	亀水町	NULL	NULL	NULL	1228	19
13	0	0.00237	2	高松市	屋島西町	NULL	NULL	NULL	8453	456
14	0	0.00000	2	高松市	浜ノ町，サンポー…	NULL	NULL	NULL	NULL	NULL
15	0	0.00079	2	高松市	屋島東町	NULL	NULL	NULL	3342	116
16	0	0.00057	2	高松市	神在川窪町	NULL	NULL	NULL	1212	87
17	0	0.00051	2	高松市	生島町	NULL	NULL	NULL	1299	42
18	0	0.00119	3	高松市	牟礼町牟礼	NULL	NULL	NULL	3424	149
19	0	0.00174	2	高松市	香西北町	NULL	NULL	NULL	1938	84
20	0	0.00000	2	高松市	朝日新町	NULL	NULL	NULL	NULL	NULL
21	0	0.00000	3	高松市	朝日町6丁目	NULL	NULL	NULL	NULL	NULL
22	0	0.00001	2	高松市	サンポート	NULL	NULL	NULL	1	NULL
23	0	0.00000	3	高松市	朝日町4丁目	秘匿地域	17005	NULL	NULL	NULL
24	0	0.00290	2	高松市	香西本町	NULL	NULL	NULL	3067	130
25	0	0.00028	2	高松市	中山町	NULL	NULL	NULL	1491	32

図 XIV-6 結合結果の確認

5)　データの階級区分

以上で e-Stat からダウンロードしたデータを高松市のマップに結合できたので、QGIS 上で別ファイルのテーブルデータである詳細な人口データを高松市のマップファイル、自分のファイルのように扱うことができるようになりました。本節では、ダウンロードしたテーブルに入っている年齢区分別人口データを使って、階級区分し表示することを例に解説します。

高松市のマップを右クリックして「プロパティ」、「スタイル」を順にクリックし、図 XIV-7 のようなダイアログボックスを表示させます。

上部の「共通シンボル」となっている「ドロップダウンリスト」をクリックし、「段階に分けられた」に変えます。「カラム」も同様にドロップダウンリストから、最初に確認しておいたフィールド名である 65～69 歳の人口、「link_T000573019」を選択します。「色階調」も好みのものをドロップダウンリストから選んで決めます。

「分類数」は 5 階級に、「モード」は「自然なフレーク」にしますが、階級数や区分の方法は必要なら変更します。これで下部の「分類」をクリックすると、その上のウィンドウに凡例が表示されます。ここまでの内容を図 XIV-7 を参考に確認します。これでスタイル設定が終了ですので、「OK」をクリックします。

XIV　ファイルのリンク

　図 XIV-8 のように、レイヤウィンドウの高松市のレイヤには 5 階級の凡例が表示されていることが分かります。これに合わせ、マップウィンドウには高松市のマップが 5 階級に塗りつぶされていることも確認できます。このように、QGIS の結合機能を利用すると、外部データを自分のデータのように利用することができます。

　場所の表示ができる GIS のマップデータに、場所が分かるフィールドをもっている各種統計データなどを結合することで、さまざまな表現ができるようになります。

　また、「モード」で標準偏差など、統計知識があるならより精度の高い表現や分析ができるようになります。実は、GIS は空間属性をもつ統計データでもあります。このため、従来の統計的手法の多くを組み合わせて分析することができます。

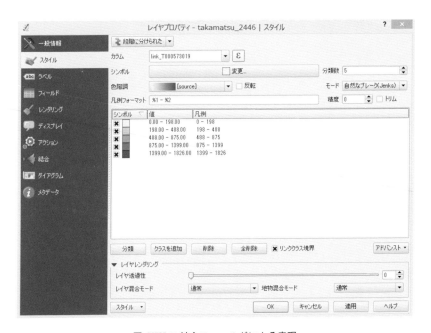

図 XIV-7 結合フィールドによる表現

第4部　応用編：GIS分析を学ぶ

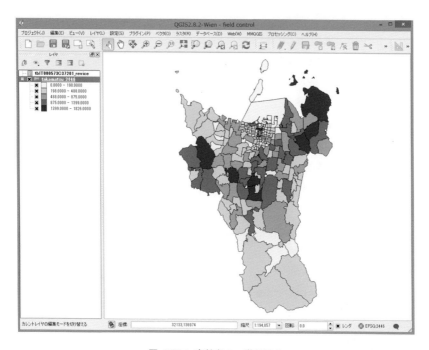

図 XIV-8 高齢者の5階級区分

2 dbf ファイル

　dbf 形式のファイルは、第2部の GIS で使うデータで少しとりあげましたが、shp 形式のファイルなどと共に、GIS でマップやデータを表示するために欠かせないファイルです。ここでは、dbf ファイルの構造について詳しく説明していきます。

　dbf ファイルを自由に操れることは、従来の統計データをマップデータと結合して活用できることに直結しますので、QGIS を含む GIS 系ソフトの活用範囲が格段に広がります。

(1)　閲覧と編集のために

　dbf ファイルは、GIS のファイルの中身、つまり詳しいデータが入っているファイルです。もちろん、ファイルの取り扱いは QGIS を含む各種 GIS ソフト上で可能です。QGIS でレイヤの属性ファイルを開いて、属性内容を確認することができますが、それは dbf ファイルを閲覧していることです。dbf ファイルの閲覧は、GIS ソフトで属性ファイルを閲覧する方

XIV　ファイルのリンク

法以外にも、いわゆる表計算ソフトを使ってでもできます。しかし、残念ながらもっとも使われている Microsoft 社のエクセルでは閲覧や編集などの取り扱いができません。

　旧バージョンのエクセルでは取り扱いができましたが、最新バージョンを含む、最近のバージョンのものでは取り扱いができなくなったのです。このため、本書では QGIS 同様、フリーソフトである Libre Office を用いて dbf ファイルの閲覧や編集について説明していきます。

　これ以降の学習のため、読者の皆さんにも Libre Office をダウンロードし、インストールすることをお勧めします。その他に Microsoft 社の Access（データベースソフト）など、多くのデータベースソフトも、dbf ファイルの閲覧や編集ができます。

　本書では、Libre Office の詳しいインストール方法などについての説明は割愛しますが、インストールはインターネット上で LibreOffice を検索し、ダウンロードサイトからソフトをダウンロードし、指示に従ってインストールを進めていくだけで、パソコンについての詳しい知識がなくても簡単にできると思います。

(2)　ファイル形式

　dbf ファイルは、第 2 部で解説した csv 形式のファイルとほとんど変わりません。つまり、中身はテキスト形式のデータに近いですが、データの形式や長さがフィールドごとに指定されている点が、csv ファイルと異なります。

　たとえば、フィールドの形式を文字と指定すると、そのフィールドには数字を追加しても文字として認識されますので、普通の数字のような演算はできなくなります。また、指定したデータの長さを超える場合、超えた部分は切り捨てられることになります。逆にフィールドのファイル形式を数字に指定すると、文字を追加することはできなくなります。

　このようにフィールドの形式をいちいち個別に指定することは、不便そのものにしか見えないと思いますが、ほとんどの場合において GIS は大量のデータを取り扱いますので、ファイルのサイズをできるだけ小さくする必要があります。このため、もっともファイルのサイズが小さいテキストファイルに近い dbf 形式が使われているのです。

　ここでは Libre Office 上で、dbf ファイルと csv ファイルの形式の違いの説明や、編集方法を解説していきます。

　csv 形式のファイルは、表計算ソフトから保存する際、ファイル形式を csv と選んで保存するだけですので、とても簡単です。dbf 形式のファイルの新規作成の場合も、csv 形式の

場合と同様で、作成や編集したデータを Libre Office 上で保存する際、ファイル形式を dbf に指定して保存するだけです。ただし、作成の際、データの形式の指定などは必要となります。

しかし、それは dbf ファイル単体の場合で、GIS においては拡張子だけが異なる同一ファイル名が複数個あることは第 2 部で説明してあります。このため、GIS で利用する dbf ファイルやフィールドの形式や名称が少しでも変更されてしまうと、GIS のほかのファイルとの関連づけされているデータの読み出しや書き込みができなくなり、GIS ファイルそのものが使えなくなります。GIS ファイルの取り扱い、とりわけ dbf ファイルの編集や修正は細心の注意が必要です。

(3) dbf 形式と csv 形式

では、ファイル名が同一の両形式のファイルをとりあげ、相違点を確認し、dbf 形式について詳しく説明していきます。

1) LibreOffice への読み込み

読み込みには、csv ファイルを右クリックして「Libre Office で開く」を選ぶと、図 XIV-9 の左側のようなテキストインポートのためのダイアログウィンドウが表示されます。

Windows 環境でパソコンを使用する場合、「文字エンコーディング」は「日本語(Shift-JIS)」となり、とくに問題ありません。しかし、Mac や Linux など、Windows 以外の OS 環境で利用する際には、それぞれに合わせる必要があります。いわゆる、文字化けにならないように文字コードを合わせる必要があります。文字エンコーディングを変えると下部の表の文字が読めたり、文字化けして読めなくなったりしますので、確認しながら文字コードを合わせることがこつです。

また、「区切りのオプション」に、適切な形式にチェックを入れる必要がありますが、下のフィールドで表示内容を確認しながらチェックを入れていけばいいでしょう。複数選択ができますので、迷う場合には全てにチェックを入れてもかまいませんが、場合によっては区切りがおかしくなる場合がありますので、かならず確認しながら行います。

dbf ファイルの読み込みも csv ファイル同様、ファイルを右クリックして「Libre Office で開く」を選ぶと、図 XIV-9 の右側のようなダイアログウィンドウが表示されます。csv ファイルより簡単で、文字エンコーディングを選択するだけで読み込まれます。文字コー

XIV ファイルのリンク

ドを合わせる過程は、csv ファイルと同じですので、そちらを参照して行ってください。

ダイアログウィンドウのタイトルに DBase のインポートとなっていますが、その理由は、dbf 形式はもともと dBase というデータベースソフトのファイル形式であるからです。とくに異常表示などではありませんので、そのまま進めていけばいいでしょう。

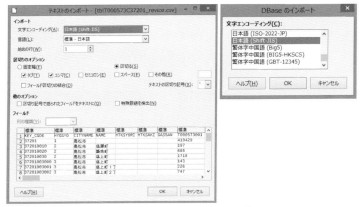

図 XIV-9 他形式ファイルのインポート

2) ファイル形式

Libre Office に両形式のファイルを読み込むと、図 XIV-10 のように表示されます。一見すると、左右の両者に相違はありませんが、図 XIV-10 の○で囲んだ両箇所を確認すると少し異なることが分かります。

左側の csv 形式には「KEY_CODE」と、右側の dbf 形式には「KEY_CODE,C,20」となっています。左側にはない「,C,20」は、dbf 形式独自のフィールド設定です。フィールドのデータ形式には文字と数字の 2 パターンがあり、必要に応じて設定することができます。

  形式 ： **文字の場合** ： ［フィールド名,C,フィールド幅］

      数字の場合 ： ［フィールド名,N,フィールド幅(桁数)、小数点以下の幅(桁数)］

C は文字を表す Character の頭文字、N は数字を表す Numeral の頭文字を意味します。フィールド幅は、半角の英数字に基づく数字であるため、2 バイト文字である日本語は、1 文字が幅 2 となります。たとえば、日本語 10 文字分に設定したい場合は、幅を 20 に設定する必要があります。数字の場合はそのまま桁数になりますが、必ず半角数字を使う必要

があります。

　以上を参考に図 XIV-10 の右側の dbf 形式の「KEY_CODE,C,20」を再度見ると、A カラムは、KEY_CODE というフィールド名をもつ幅 20（日本語 10 文字まで入力可）の文字データであることが分かります。このように、全てのフィールドにはフィールド名のほかに、データの形式やフィールド幅、また、数字データの場合には小数点以下の幅（桁数）の指定に関する情報が入っています。裏返せば、dbf ファイルの編集のためには、このファイル形式の情報を適切に書き込まないといけないことになります。この点は、GIS ファイルの一部である dbf ファイルの編集や加工のため、もっとも重要なポイントです。

図 XIV-10 dbf ファイルの形式

3） ファイル形式の編集

　前述したように、A カラムのデータ（A2 以下）は数字に見えますが、実は文字扱いするように設定（「KEY_CODE,C,20」になっている）されたデータが入っていることになります。このため、これらのデータでは演算できません。パソコンにとってそのデータは数字ではなく文字だからです。とくに、ダウンロードした統計データによる区分や演算ができないなどの不具合はよくあるトラブルですが、それらのトラブルの原因の多くは、データ形式の違いを修正することで解決できます。数字（に見える）データが演算できないなどの場合、dbf ファイルのフィールドのデータ形式を確認したうえ、データ形式を文字（C）から数字（N）に変えることで演算ができるようになります。この点は、結合により各種統計データを利用するに当たって、とても重要なポイントです。

XV　ファイルのエクスポート

　たとえば、私たちが日常的に使用するワードやエクセルなどのソフトは、それぞれ、docx や xlsx のような独自のファイル形式をもっています。このため、他の（ソフトで作成した）形式のファイルを利用するためには、そのソフトに合わせて変換する「インポート」という作業を行う必要があります。このようなことは、さまざまなソフトを利用するためには当たり前のことといえます。

　しかし、QGIS はその類のソフトとは異なり、GIS ソフトでもっとも汎用性が高い ArcGIS 社の shp 形式のファイルを直接操作できるソフトです。つまり、独自の形式のファイルをもっていません。QGIS では、ArcGIS のような他の GIS ソフトで作成した、いわゆる shp 形式のファイルを利用するために、QGIS 専用のファイルに変換するインポート作業を必要とせず、そのままで利用することができます。このため、QGIS にはファイルをインポートするという概念はありません。

　一方で、QGIS でさまざまな操作をし、分析を進めた結果や編集加工、作成を行ったファイルをシェイプファイルとして保存する必要があります。上述した一般的なソフトの場合、「名前をつけて保存」する機能と表現していますが、QGIS ではこのことを「エクスポート」といいます。

　たとえば、フィールド操作の結果、地図ファイルに統計データの表形式のファイルを結合したものを shp 形式のファイルとして保存したり、検索した結果を新たな shp 形式のファイルとして保存したりすることができます。GIS を利用するに当たって新しく生成されるシェイプファイルを保存するための機能です。

1　手順

　前節で香川県内の学校から検索式を書いて、高松市内の学校を抽出しました。本節ではその続きとして、後から使えるように高松市内の学校だけをもつシェイプファイルとしてエクスポートすることを例に解説します。

　図 XV-1 のように香川県内の学校から高松市内の学校を検索すると、高松市内の学校は黄色に反転表示されます。その上に高松市のマップを載せると、高松市内の学校とその他の学校とでは表示色が異なり簡単に識別できます。

　香川県内の学校レイヤを右クリックし、「名前をつけて保存する…」を選択して図 XV-1 のように、「ベクタレイヤに名前をつけて保存する…」ダイアログボックスを表示させます。

第4部　応用編：GIS分析を学ぶ

　まず、保存先とファイル名を、「パス」の右側の「ブラウズ」から指定し、ファイル名を指定します。

　つぎに、CRS を決めます。デフォルトでは、現在のマップファイルに適用されている CRS になりますが、CRS を変更したい場合はドロップダウンリストから、指定し直して変更することができます。つづいて、忘れずに「選択地物のみ保存する」にチェックを入れ、「OK」をクリックします。これで検索した高松市内の学校だけが含まれる新しいレイヤが、レイヤリストに追加されていることを確認できます。実際に確認するために、レイヤウィンドウから香川県のマップと香川県の学校レイヤのチェックボックのチェックを外し、[全域表示] のアイコンメニューをクリックします。これで図 XV-2 のように高松市のマップが画面に表示され、高松市内の学校だけが表示されていることが分かります。このように、検索した内容だけを抽出し、シェイプファイルとしてエクスポートすることができます。

　最後に、QGIS ではエクスポート機能を使って、CRS を変更することができます。シェイプファイルの CRS を変え、「名前をつけて保存」を用いることで可能になります。

　プロパティで CRS を変えても画面上で一時的に変わるだけであって、シェイプファイルの CRS そのものは変わりませんので、注意が必要です。

　言い換えれば、CRS の変更はエクスポート機能でしかできません。この機能は QGIS を使うに当たって、とても重要な機能のひとつです。しっかりと覚えておきましょう。

XV ファイルのエクスポート

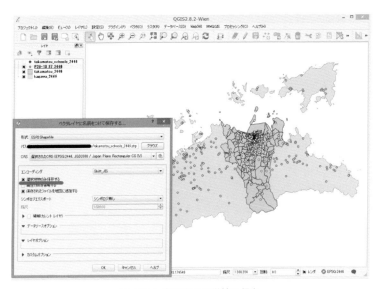

図 XV-1 高松市内の学校の保存

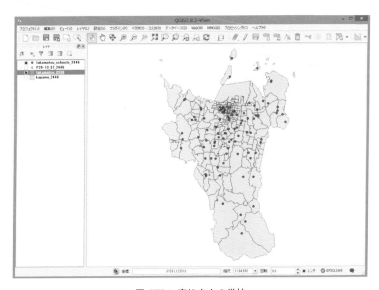

図 XV-2 高松市内の学校

第4部 応用編：GIS分析を学ぶ

XVI　地図の表現

デジタルマップは、提供サイトからダウンロードするか、または、点、線、面のデータを自分で指定してつくるか、2つの方法で入手することができます。その後、どのように表現するか、設定や複数のレイヤの利用などで見栄えを変えることができ、分かりやすい地図をつくることができます。

ここでは、QGISに読み込んだマップデータをより分かりやすく、説得力ある地図に表現するための手法をとりあげ、解説します。

1　シンボルの変更

QGISのマップウィンドウに表示するシンボルは、レイヤごとの「プロパティ」の「スタイル」で設定できます。GISで利用できるベクタデータの種別（点・線・面）によって表示される設定画面が異なります。以下、種別に解説していきます。

シンボルのスタイルは分析する段階では、ほとんど意味をもちません。返って、分析の妨げになるでしょう。しかし、分析の結果を表現する際には、適切なシンボルで表現することは、説得力向上につながる有効な手段といえます。次章の地図の出力で、本章の内容と合わせてしっかりと学習しておくことをお勧めします。

2　ポイントの表現

たとえば、図 XVI-1 に表示したポイントデータは香川県内のすべての学校ですが、○印のように学校の種別に色分けして表現したものです。本節では、図 XVI-1 を基に解説していきます。

(1)　シンボルの色・大きさの変更

ポイントデータのシンボルを変更するためには、該当レイヤの「プロパティ」、「スタイル」を順にクリックし、図 XVI-2 のように設定ダイアログを表示します。デフォルトではシンボルウィンドウにもっともシンプルなシンボルが表示されます。「大きさ」や「色」、「回転」などを図 XVI-2 のウィンドウから調整することで、好みのサイズや色、角度に表現することができます。

XVI 地図の表現

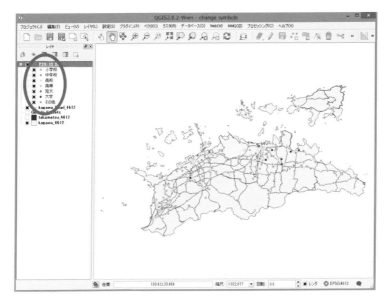

図 XVI-1 ポイントデータの区分

図 XVI-2 ポイントスタイル

第4部 応用編：GIS分析を学ぶ

(2) シンボルの図形化

ポイントデータのシンボルは、前節のように簡単な記号で表現できる他に、案内図などでよく見るさまざまな図形によるマークで表現することができます。QGISには、地図でよく使われる、いわゆる地図用シンボルマークをはじめ、さまざまなシンボルマークが最初から用意されています。もちろん、その他にも自分で作成したシンボルなどを追加することもできますが、ここではQGISのライブラリに最初から含まれているシンボルマークの利用方法について解説していきます。

はじめに、該当レイヤの「プロパティ」から「スタイル」を表示させます。つづいて、「シンボルレイヤタイプ」のドロップダウンリストをクリックし、「SVGマーカー」を選択します。下部のSVGイメージウィンドウに、図 XVI-3 のように図形シンボルが表示されます。その際、ファイルの読み込みに時間がかかる場合があります。ここでは慌てずしばらく待つことがこつです。SVGイメージは種目別に区分されており、「SVGグループ」にフォルダ別に格納されています。必要な種目を選び、関連マーカーに絞って表示させることもできます。このようにSVGイメージを用いることで、ポイント情報を直感的に表現できるようになります。

SVGイメージは、ベクタ形式のデータです。このため、地図を拡大したり縮小したりしても、シンボルマークがギザギザになったりせず、なめらかな状態を保つのが特徴です。

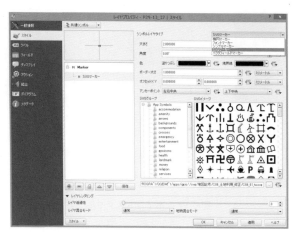

図 XVI-3 シンボルイメージ

(3) シンボルの区分表示

前節まではポイント情報を一括表現する方法について解説しました。実は、ポイントデータがもつ情報によってポイントのシンボルの形状や色などを変えることができます。

本節では、ポイント情報がもつ属性データを基にシンボルの形状や色を変えて表示することをとりあげ解説します。

まず、該当レイヤの「プロパティ」から「スタイル」を表示させ、右側のウィンドウのドロップダウンリストの「共通シンボル」(図 XVI-2 参照)をクリックして表示されるリストから「ルールに基づいた」を選択します。「＋」をクリックし新しいルールを追加していきます。

ルールプロパティダイアログボックスが表示されますので、ラベルやフィルタを設定し、シンボルマークや色を設定して「OK」をクリックします。ラベルは図 XVI-1 のレイヤウィンドウの〇印をつけたところのようにシンボルマークの凡例に当たりますが、詳しくは次節で説明します。

まず、図 XVI-5 のダイアログボックスを表示させます。ルールプロパティの「ラベル」を小学校に、「フィルタ」を、図 XIII-3B および図 XIII-5 の学校区分を参考(属性データ P29_004 が学校別区分のデータで、値の 16001 が小学校である)に、"P29_004"='16001' と指定します(設定は図 XVI-4 の式文字列ビルダーを参考にしながら入力します)。また、学校別にシンボルの色(や形状)を図 XVI-6 を参考に追加していきます。その際の属性データの詳細については、ダウンロードした際の定義ファイルから確認してください。すべてのシンボルの設定が終了すると、図 XVI-1 のようにマップウィンドウには区分された学校のデータが表示されます。また、レイヤウィンドウには〇印をつけたところのように、学校別のシンボルの色(や形状)が区分され、表示されます。

以上のようにシンボルマークを、形状や色など属性データ別に区分して表示することもできます。一括してポイントデータを設定することに比べ、地図の表現が格段に豊かになります。

本節では、ポイントデータの情報を基にシンボルの色の区分のみ行いましたが、さらに前節で説明したシンボルの形状に、SVG イメージを用いた区分表示を加えることもできます。このように色や形状など、ポイントデータの情報によるさまざまな区分、表示ができ、識別しやすいマップをつくることができます。

第4部 応用編：GIS分析を学ぶ

図 XVI-4 シンボルの条件設定

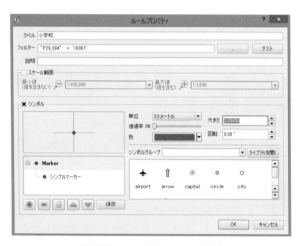

図 XVI-5 シンボルのルール設定

XVI 地図の表現

図 XVI-6 シンボルのルール設定の確認

3 ラインの表現

　ラインがもつフィールドのデータを基に、たとえば、国道や県道、その他の道路などに区分したうえ、ラインのスタイルを変えるなど、その他の工夫を加えることで視覚的に区別できるように表現することができます。

　そのためには、該当レイヤの「プロパティ」、「スタイル」を順にクリックし、図 XVI-7 のように設定ダイアログを表示します。「色」のドロップダウンリストから表示色を変更することができます。また、シンボルウィンドウから選択してラインのスタイルを変更することもできます。ラインのシンボルは、マップ記号を含み、一般的によく使う形状がありますので、むやみに形状を変えない方がよいでしょう。図 XVI-7 にあげられたのはよく使われる形状です。できるだけ、その形状を利用することをお勧めします。

　さらに、図 XVI-8 のように「シンプルライン」を選択して、色、太さなどを変えることもできます。とくに、シンボルレイヤタイプから「ペンの太さ」の値を調節することで、ラインの太さの調整ができます。ラインの太さは、できるだけ細くしたほうが、視認性が高く、ほかの地物とのバランスが取れやすくなります。経験的に、0.1～0.2 mm前後の太さが無難な太さだと思います。参考にしながら、調整を試してみてください。

第4部 応用編：GIS分析を学ぶ

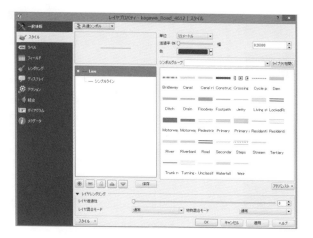

図 XVI-7 ラインの設定

図 XVI-8 ライン設定の変更

XVI 地図の表現

4 ポリゴンの表現

本節では、ポリゴンがもつフィールドのデータをどのように表現するのかではなく、ポリゴンそのものをどのように見せるか、簡単にいえばポリゴンのスタイルについて解説します。

まず、該当レイヤの「プロパティ」、「スタイル」を順にクリックし、図 XVI-9 のように設定ダイアログを表示します。右側のウィンドウに例示されているものから選択して使うこともできますが、色の変更など自分好みに修正することもできます。そのためには、Fill 下の「シンプル塗りつぶし」をクリックし、「塗りつぶし」や「境界線」から色を選択することができます。その他、本書ではとりあげませんが、「シンボルレイヤタイプ」のドロップダウンリストからその他の設定に変更することもできます。

その他、ラベル表示がありますが、103 ページのラベル表示ですでに説明しましたので、ご参照ください。

GIS の利用において、見せるためにポリゴンの形状や色を変えて、マップにおける見栄えを調整することが考えられます。GIS 上のマップを分析のために利用する場合は、マップの形状や色などはあまり意味をもたないので、見栄えの調整などは行いません。代わりに、フィールドデータの情報を基にした区分表示や検索抽出などのようなフィールドデータによる検索が頻繁に用いられます。

図 XVI-9 ポリゴンの設定

5 DEM 表示

前章（図 XII-14 参照）で作成した香川県 DEM ファイルを基に、表示手法などをとりあげ、解説していきます。

前章で作成した DEM ファイルは香川県を含む香川県周辺の DEM ファイルで、白と黒の 2 色で表示されており、直感的に標高を読み取ることは極めて難しいものです。もちろん、ひととは違い、パソコンは白黒だけで表示されたものであってもデータとして認識するのに、とくに問題ありません。つまり、白黒 2 色 DEM は、分析用としてまったく支障ありませんが、見せるマップとしては白黒 DEM のままより少し手を加えた方が、標高などが直感的に読み取りやすくなります。

本節では、つぎのように 3 つの加工を行い、直感的で分かりやすいマップに仕上げることを例に解説します。具体的に、①香川県だけを残して不要な部分を削除した香川県 DEM レイヤを作成します。つぎに、②香川県 DEM レイヤに標高別に色付けをして分かりやすくし、さらに③陰影を加えて立体的なマップに仕上げることを順にとりあげます。

（1） 香川県 DEM の作成

前章の 84 ページのラスタデータのクリッパーで説明しましたが、DEM データはラスタデータです。そのため、香川県だけのデータを切り取るためには、ラスタデータの操作機能のうち、クリッパー機能を使う必要があります（ベクタデータの場合はクリップ機能です）。この機能を使い、図 XII-14 から図 XII-21 のように香川県だけの DEM データをつくることができます。作成方法などについては、すでに前章の 84 ページのラスタデータのクリッパーで解説済みです。必要なら、前章の内容をご参照ください。

この機能はダウンロードしたデータなどから自分に必要な DEM データをつくるために、また、不要なデータを切り落とすことで分析などの作業効率を上げるために、欠かせない機能です。とくに、DEM ファイルは狭い範囲だけでもデータ量が非常に多く、コンピュータへの負荷がかかります。分析に前もって、できるだけ必要最小限のサイズに合わせておいてください。

（2） DEM 表示色の変更

作成した図 XII-21 はデフォルトで白と黒の 2 色からなっており、白いところの標高が高く、黒くなるほど標高が低いところを表しますが、目視で分かりやすいとはいえません。

そこで、前章の 79 ページの数値標高モデルで作成した vrt ファイルのプロパティのスタイルを設定し直します。本節では複数の DEM ファイルを使うと境界線部分の段差ができるため、段差をなくして 1 枚のファイルとして取り扱うことができる vrt 形式に変換したファイルを用いて解説を進めていきます。

まず、設定のダイアログウィンドウ内の「レンダータイプ」のドロップダウンリストから「単バンド疑似カラー」を選択します。

つぎに、右側の「新規カラーマップを作成」のドロップダウンメニューから赤と青（RdYBu）を選択し「反転」にチェックを入れます。反転により、赤は標高が高いところを、青は標高が低いところを示すことになります。「分類数」は任意で設定できますが、分類数があまり多くなりすぎると、区別がつきにくくなります。とりあえず、ここではデフォルトである 5 のままにしておきます。

つづいて「分類」をクリックし、左側の凡例ウィンドウに色別標高の範囲が表示されたことを確認します。設定の通り、標高が低いところは青に、高いところは赤になっていることが確認できます。図 XVI-10 を参考に設定項目を確認した後、「OK」をクリックします。変換作業が終わり、カラーで表示された図 XVI-11 の方が、白黒のままの図 XII-21 に比べて標高差が分かりやすくなっていることが分かります。必要なら表示色をさらに調整し、見やすい地図に修正してください。

第4部 応用編：GIS分析を学ぶ

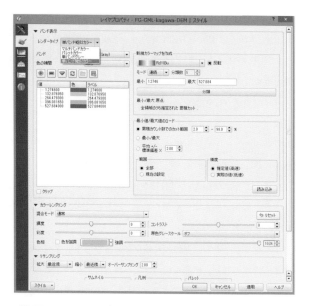

図 XVI-10 DEM　バーチャルラスタのレンダータイプの設定

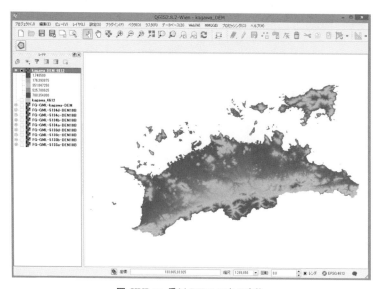

図 XVI-11 香川 DEM の表示変換

(3) 陰影段彩図の追加

陰影図は地図を立体に見せるために必要な表現手法の一つですが、その構図は、DEM などの数値標高モデルに、任意の位置からの光源を設定して影をつけたものです。さらに、陰影図に高さごとに異なる色を付けて表現したものを陰影段彩図といい、視認性が格段に高くなります。

QGIS には陰影（段彩）図を作成する機能があります。

作成には、図 XVI-12 のように、メニューバーの［ラスタ (R)］から［地形解析］、［陰影図...］を順にクリックし、図 XVI-13 のように陰影図ダイアログボックスを表示させます。つづいて、「標高レイヤ」に陰影図をつくりたい DEM レイヤを選定します。また、「出力レイヤ」に保存先とファイル名を選んで書き込み、「OK」をクリックすると、陰影図作成の設定は終了で、あとは作業が終了するまでしばらく待つだけです。

これで、図 XVI-14 のように白黒で立体表示された陰影図のレイヤが追加されていることが確認できます。参考に、陰影図は DEM データに影をつけただけのものです。そのため、DEM 同様、ラスタデータの形式のままで、ファイルのサイズも大きいままです。

最後に、陰影図レイヤの「プロパティ」の「透過性」から「全体の透過率」を 70％程度に調整します。必要に応じてこれで、香川県の境界レイヤと標高レイヤ、陰影図レイヤの3つを組み合わせた、図 XVI-15 のような立体表示に近く、視認性の高いマップをつくることができます。これで、ひとめで高度や傾斜方向などが読み取れる分かりやすい地図になりました。必要なら透過性を調整し、さらに見やすくなるようにすることができます。

図 XVI-12 メニューバー：陰影図の作成

図 XVI-13 陰影図の設定

第4部 応用編：GIS分析を学ぶ

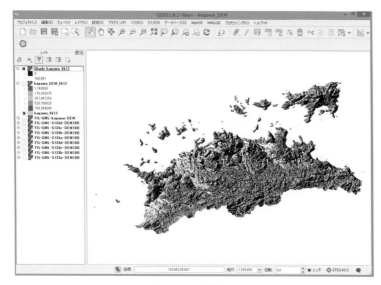

図 XVI-14 陰影図

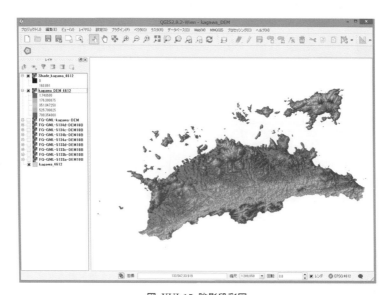

図 XVI-15 陰影段彩図

XVII　地図の出力

　QGIS は、フィールドに入力されているデータを基に分析した結果を、マップウィンドウ上に表示することを基本機能とします。その意味で、QGIS は一種のデータベースソフトであるといえます。しかし他方で、地図である故に視覚的に分かりやすく表現することは重要な意味をもちますが、ほかの GIS ソフト同様、表示より分析に重点が置かれているといえます。そのため、分析の結果を印刷することは、我々が日常的に使っている、WYSIWYG（What You See Is What You Get の頭文字、印刷イメージを確認しながら作業ができる）機能をもつワープロソフトや表計算ソフトなどと比べると、大きく異なります。そのため、印刷機能を理解し、自由に利用できるようになるには少し時間がかかります。

　理由のひとつに、印刷する結果が地図である故に、必要とされるスケールや方角記号、凡例などを適切に組み込む必要があることがあげられます。

　QGIS には分析した結果などを、①地図として印刷する機能と、②図形または pdf 形式のファイルとして保存する機能があります。そのための準備を行う機能を「プリントコンポーザ」といいます。印刷するか、または pdf 形式に保存するか、どの方法をとっても、プリントコンポーザにおいて、出力するために必要な項目を組み込み、見栄えを整える必要があります。

　本章では、四国 88 箇所霊場の分布図を例に、地図の出力に向けたプリントコンポーザの利用法について解説していきます。

1　コンポーザの考え方

　日常的に使っているパソコン用ソフトは出力（印刷）イメージを確認しながら作業を行う、いわゆる WYSIWYG 機能があるのに対し、QGIS を含む GIS ソフトの場合、分析などの「作業」と印刷する「出力」は別概念のものです。つまり、両者は基本的に切り離して取り扱われます。分析のためにはたくさんのレイヤを用いる必要があることや、分析過程でたくさんのレイヤがつくられ、レイヤウィンドウに追加されるようになります。それらすべてのレイヤを印刷する必要はありません。必要なレイヤを撰択して、さらにその他必要な記号やスケールなどを加えたうえ、印刷するのが一般的です。そのため、GIS ソフトで WYSIWYG 機能を使うことはできません。つまり、出力（印刷）する方法が異なります。

　たとえば、日常的に使用するワードのような文書作成用ソフトなどは最初に用紙のサイズを決めてそれに合わせ作業を進めていき、印刷します。それに対して、GIS ソフトは、

第4部 応用編：GIS分析を学ぶ

出力する用紙を意識せず分析などの作業を行い、印刷が必要な時に、必要なもの（レイヤ）を印刷する用紙のサイズに合わせて拡大・縮小し、印刷します。そのため、QGISで作業結果を自由に出力（印刷や他の形式のファイルへの変換）するために、コンポーザの基本的な考え方を理解する必要があります。

コンポーザの使い方は、まず、出力する用紙のサイズを決めます。多くの場合、A4用紙サイズになりますので、本節での説明もこのサイズで出力することを例に解説していきます。その後、出力する各種パーツを用紙の適当な場所に配置し、見栄えを調整し、最後に印刷またはほかの形式のファイルとして出力する順に、なります。

地図に必要な内容、凡例・スケール・方角記号なども出力時に加えることになります。その他にも、広域図や比較用マップなどの追加も、出力にかかわることなのでコンポーザで行います。つまり、コンポーザとは出力したい分析の結果などを、決められた用紙サイズに合わせて、縮小・拡大したうえで、配置場所を決めて見栄えよく仕上げる機能です。

2 コンポーザの使い方

コンポーザの使い方は簡単で、出力したいものをウィンドウ上の出力したい場所に追加して、見栄えを整えるだけです。ここでは、地図で使う基本項目について、それぞれの出力方法をとりあげ、解説します。

(1) コンポーザの準備

コンポーザを使用するには、図XVII-1を参考にメニューバーから、[プロジェクト]、[新規プリントコンポーザ]を順にクリックします。新しいプリントコンポーザを作成するため、図XVII-2のようにコンポーザのタイトルを入力するダイアログウィンドウが開きますが、空白のまま「OK」をクリックしてもかまいません。空白のままだと、QGISが名前をつけてくれます。ここではコンポーザの名前はQGISに任せ（空白のままで）、「OK」をクリックします。図XVII-3のように、タイトルがコンポーザ2とついた新規コンポーザが開きます。これで新しいコンポーザを使う準備が整いました。

タイトル「コンポーザ2」は、必要ならあとから修正することもできます。図XVII-1の[コンポーザマネージャ...]からコンポーザ名を変えることができます。

XVII 地図の出力

(2) コンポーザの作成

つぎに、コンポーザの作成について解説します。

コンポーザに出力したいものを追加するためには、図 XVII-4 のようなアイコンメニューによる方法と図 XVII-5 のようにメニューバーの［レイアウト］による方法があります。よく使うアイコンメニューには図 XVII-4 の通り、地図の出力である故に必要な素材について説明をつけてありますので、確認してください。

ツールバーにアイコンメニューが表示されない場合は、アイコンメニューバーの空白部分を右クリックし、「コンポーザ」にチェックを入れると、表示されます。

図 XVII-6 のように、地図の大きさや表示する場所を整え、各種必要な記号などを追加・調整（記号やスケールバーなどの追加については次節で改めて解説します）し終わったら、メニューバーから「コンポーザ」をクリックします。印刷する場合は印刷を、また pdf にとして保存する場合は「PDF にとしてエクスポート」を、クリックしてつぎに進めていけば、難なくそれぞれのことができるようになります（図 XVII-7 参照）。

これでコンポーザによる出力は終了です。

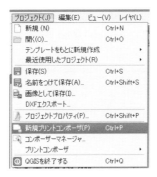

図 XVII-1 メニューバー：プリントコンポーザ

図 XVII-2 コンポーザのタイトル入力画面

第4部 応用編：GIS分析を学ぶ

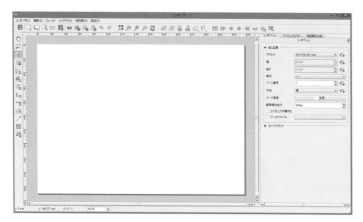

図 XVII-3 新規プリントコンポーザ

図 XVII-4 コンポーザのアイコンメニュー

図 XVII-5 コンポーザの操作メニュー

XVII 地図の出力

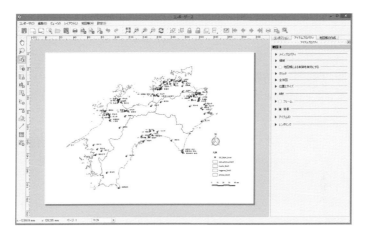

図 XVII-6 コンポーザの完成

図 XVII-7 メニューバー：PDF にエクスポート

3 マップ表示に必要な記号類

(1) 地図イメージ

　マップウィンドウに表示されている地図がそのままコンポーザに地図イメージとして表示されます。このため、まず、マップウィンドウ上で出力したい状態に地図を調整しておく必要があります。その後、コンポーザのメニューバーから［レイアウト］をクリックして［地図を追加］を選びます。

第4部　応用編：GIS分析を学ぶ

マウスの形状が「十字」に変わりますので、コンポーザウィンドウ上で地図を表示したい場所に、表示したい大きさにマウスをクリックしたままで広げ、マップ表示の範囲を決めます。その範囲に合わせてQGISのマップウィンドウ上の地図と同じ地図イメージが表示されます。これで地図イメージの出力ができました。

あとから地図の形状を調整したい場合には、再びマップウィンドウで地図の調整作業を行います。また、地図を表示させるために設定した範囲に実際の地図の形状が一致しない場合は、マップウィンドウ上の地図の大きさとコンポーザの地図表示範囲の「形状」が異なるため、一部欠けたままの地図になる場合があります。つまり、マップウィンドウとコンポーザの地図表示範囲は大きさを合わせるのではなく、形状を合わせることがポイントです。

たとえば、マップウィンドウが正方形ならコンポーザの地図表示範囲も正方形に、マップウィンドウが長方形ならコンポーザの地図表示範囲も長方形に合わせる必要があります。地図の一部が欠けて表示された場合は、繰り返し表示範囲をマップウィンドウの形状に合わせて設定し直します。これで、マップウィンドウの地図が欠けることなく、きれいに表示されるようになりました。

(2)　凡例

前節の地図イメージの追加と同様な手法で、メニューバーから「レイアウト」をクリックして「凡例を追加」を選びます。つづいて、前節で地図表示範囲を決めるのと同様な方法で場所とサイズを決めて凡例を表示させます。

その際、QGISのレイヤウィンドウに表示されている全てのレイヤ名が凡例に表示されますので、不要な凡例は表示させないなど、調整が必要です。また、文字のサイズやフォントなど、見栄えの調整を行います。

コンポーザで凡例をクリックすると、右側に凡例プロパティが表示されます。たとえば、図XVII-8のように「凡例アイテム」で表示させたい凡例のみを残して削除（削除する凡例を選択して「−」ボタンをクリックする）します。また、「フォント」をクリックしてリストを表示させ、「タイトルフォント」や「アイテムフォント」などをクリックしてフォントの種類やサイズを調整します。フォントサイズは8程度で、小さめに設定した方がいいでしょう。その他についてもこのプロパティで設定を行うことができますので、チャレンジしてみてください。

XVII 地図の出力

図 XVII-8 凡例の設定プロパティ

(3) 方位記号

　前節の地図イメージの追加と同じ手法で、メニューバーから「レイアウト」をクリックして「イメージを追加」を選びます。つづけて、場所とサイズを選択して凡例を表示させます。イメージを表す範囲が表示され、右側に図 XVII-9 のような画像プロパティが表示されます。

　プロパティの中の「検索ディレクトリ」をクリックすると、図 XVII-10 のようにイメージウィンドウが現れ、最初から QGIS に入っているイメージが表示されます。イメージをスクロールさせ選択すると、設定してあるイメージ表示範囲に表示されますので、必要に応じて大きさを調整します。この際、検索ディレクトリの検索に時間がかかる場合がありますが、慌てず待ちます。イメージは外部から追加することもできますが、その説明は割愛します。

第4部 応用編：GIS分析を学ぶ

図 XVII-9 方位設定

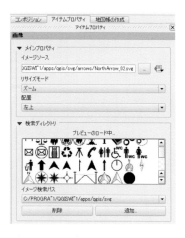

図 XVII-10 イメージウィンドウ

(4) スケール

前節の地図イメージの追加と同じ手法で、メニューバーから「レイアウト」をクリックして「スケールバーを追加」を選びます。つづけて、場所とサイズを選択してスケールバーを表示させます。指定場所にスケールバーが、右側に図 XVII-11 のようなスケールバープロパティが表示されます。

最初に表示されたままのスケールバーは地図と比べると線が太く、大きい場合が多く、見栄えを調整する必要があります。スケールバーの見栄えの調整はスケールバープロパティ（図 XVII-11）から行います。上記した地図イメージや方位記号、凡例と比べると調整のための難易度が少し高くなりますが、出力イメージに大きく影響しますので時間をかけて調整していきます。

まず、「メインプロパティ」のなかの「スタイル」をクリックし、シングルボックスまたはダブルボックスを選択して、図 XVII-12 を参考に好みのスケールバーを選択します。

つぎに、「線分列」をクリックして3項目を調節しますが、とくに「線分列」の左を0に設定することと、「高さ」を2 mm程度に小さめに設定することをお勧めします。

XVII　地図の出力

　最後に、「ディスプレイ」をクリックし「線幅」を細く設定します。図 XVII-6 では、図 XVII-11 でみるように 0.11 と細く設定しています。

　その他フォントのタイプと大きさの調整も必要となりますが、前記した他の設定と変わりません。必要なら前節を参考に調整を行ってください。繰り返しになりますが、スケールバーの見栄えは、全体の出力イメージに大きく影響します。「線は細く、文字は小さく」を忘れずに時間をかけて調整をするのがポイントです。

図 XVII-11 スケールバーの設定

図 XVII-12 スケールバーの種類

(5) その他の記号

これまで地図として必要な基本項目の表示について解説してきましたが、その他にも出力する地図のタイトル（QGISではラベルという）を追加するなど、広域図を入れて、矢印などを追加することが考えられます。これらについては、メニューバーの「レイアウト」の中のメニューの項目を試しながら、チャレンジしてみてください。表現力のアップにつながります。

4 コンポーザの出力

以上で見栄えを整えて、記号類を追加したコンポーザファイルを pdf ファイルに出力したのが図 XVII-13 です。コンポーザの完成画面である図 XVII-6 に表示されたのと変わらないことが確認できます。このようにコンポーザで大きさや配置場所などの見栄えを整えると、同じイメージで地図を出力することができることが分かります。

XVII 地図の出力

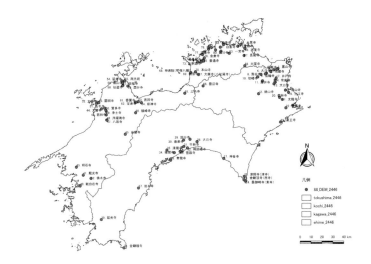

図 XVII-13 コンポーザの出力例

あとがき

　本書では、GIS という新しい道具を観光分野に応用するため、フリーソフト QGIS の使い方から、応用例を基に実践的に解説してきました。

　観光の拡大はつづき、今日に入ってからそのスピードがさらに加速しています。このように急速に拡大、普及する観光に足並みを揃えた観光学の成長の姿があるべきですが、日本の現状は両者のズレがますます激しくなっていく一方であるといえます。

　観光学を学べる大学の増加により、ズレを埋めることを期待しながら、観光をアカデミックに捉えるための調査法の確立に少しでも役立てようと、本書の刊行に至りました。

　本書は、観光者および（観光）地域の調査のための調査法の基礎を習得するためのものです。そのため、GIS という新しい道具を習得するため、主に観光を事例に4つのパートに分けて解説しました。

　第1部では、観光や観光学の現状を説明し、観光を含む様々な場面で GIS が応用できることを説明しました。第2部では、GIS の歴史を知ることから始まり、仕組みやできることなどをとりあげ、分かりやすく解説しました。第3部では、GIS を用いて各種統計データを表現する方法をとりあげ、見せるためのデジタルマップの使い方を解説しました。最後に、第4部では第3部の見せるマップの作成に必要な知識を踏まえ、GIS のもっとも重要な部分といえる分析することをとりあげ、実践的に解説しました。さらに、分析した結果をどのように見せるのか、見栄えよく仕上げるための内容を解説しています。

　最後に筆者は、本書でとりあげたことが読者のみなさんの観光や地域の学びに役に立つこと、ならびに学問的な好奇心を刺激し、自らのさらなる発展や地域への貢献につながっていくことを期待します。

著者略歴

金　徳謙（キム・トクケン）

1961年、韓国ソウル生まれ。
1986年、韓国京畿大学校経商大学観光開発学科卒業。
2000年、立教大学大学院観光学研究科博士課程前期課程修了。
2003年、立教大学大学院観光学研究科博士課程後期課程単位取得満期退学。
　その他、旅行会社勤務および、財団法人日本交通公社客員研究員を経て2006年より香川大学経済学部勤務。
　現在、香川大学経済学部地域社会システム学科教授。
　主な著書に、『瀬戸内海観光と国際芸術祭』(2012)、『瀬戸内圏の地域文化の発見と観光資源の創造』(2010)、『地域観光の文化と戦略』(2010)、『観光学へのアプローチ』(2009)、『新しい観光の可能性』(2008) などがある。

観光地域調査法

2016年6月30日　初版発行
定価　2,500円＋税

著　者　金　　徳　謙

発　行　株式会社 美巧社
　　　　〒760-0063
　　　　香川県高松市多賀町1－8－10
　　　　TEL　087－833－5811

印刷・製本　㈱美巧社

©2016 Printed in Japan
ISBN978-4-86387-075-8 C3004